アジアとつながる

関西経済

"大粒"の感動を世界に発信

関西学院大学産業研究所
産経新聞大阪本社［編］

関西学院大学出版会

アジアとつながる関西経済

〝大粒〟の感動を世界に発信

はじめに

関西には、古くからものづくりの伝統があり、近代に入ってからも阪神工業地帯として、長く日本の産業発展の拠点的な役割を担ってきました。ところが、大阪万博が終了した一九七〇年以降、産業構造が基礎素材中心から加工組立型にシフトする流れに関西は乗り切れませんでした。また、一九八〇年代以降、従来、関西、とくに大阪に本社を置いてきた代表的な企業の多くが本社機能を東京に移すに至り、関西経済の地盤沈下が顕著になってきました。

さまざまな要因はありますが、日本の高度経済成長はやがて主力貿易商品が国際経済下で価格競争力を落とすことになったことや、アジア新興諸国の産業の急成長にともなって、生産活動を海外へ移したために、国内では産業の空洞化が進み、産業集積地の阪神間が大きな影響を受けたことなどが挙げられるでしょう。また、ネットワークのＩＴ化や都市機能の集約化とともに、産業をはじめ、学術・文化までが東京へ集中する傾向が強くなってきたこともあります。

日本の産業の優位性であった技術力も最近では、韓国、台湾、中国などの追随を受け、関西の主力産業であったデジタル家電さえも苦境にあることは周知のとおりです。すでに国際経済の進展で、「ものづくり」の経済は、周辺諸国と一体となった動きをとっています。

このような、いわば閉塞状況にあって、関西には新しい動きが出てきています。一つは今年の三月の関西国際空港を拠点とするわが国初の本格的格安航空会社の誕生、そして二つ目は七月に実現した関西国際空港と大阪空港（伊丹）の経営統合です。そこで、これを機に関西から活力を生み出したいと企画したのが、三月一六日に大阪市内で開催されたシンポジウム『アジアとつながる関西経済』です。キーワードは、貿易と観光です。航空便が手軽なものになり、空港運営が効率的になることで、関西とアジアが一層近づくことにつながります。関西の優れた交通インフラ、磨かれた文化を生かしていこうと提案するものです。

このシンポジウムは、産経新聞関西版の紙面で「知とコラボ」の特集を組んでいる営業局企画開発部と、産業経済学が専門の本学経済学部野村宗訓教授（前産業研究所長）の出会いによって誕生しました。低迷している関西経済の振興には、産官学三者の協力が必要と、近畿経済産業局総務企画部の中村稔部長、近畿運輸局企画観光部の森宏之部長のお二人に基調講演をお願いしましたところ、ご協力が得られたことは大変有難いことでした。そしてパネリストには、産業界からアジアとのネットワーク構築に力を入れておられるカネカ執行役員で高砂工業所川勝厚志所長をお迎えしました。学界から、関西経済に詳しい本学経済学部の髙林喜久生教授を、また空港経営の専門家である関西外国語大学外国語学部の引頭雄一教授をそれぞれお迎えして、専門分野の立場からご提言をいただきました。

このシンポジウム『アジアとつながる関西経済』の報告は、産経新聞（関西版）四月一日付で記事掲載されました。ただ、新聞紙面での報告記事は内容が限られていますので、著作の形でまとめることにしました。当産業研究所では、シンポジウムや講演会で市民や企業関係者向けのものについて、産研レクチャー・シリーズとして編集し、関西学院大学出版会から刊行しています。今回のシンポジウム報告も広く一般に伝えるため、このシリーズに加えることにした次第です。

本書の編集においては、産経新聞大阪本社総合企画室の若狭弘氏、本学経済学部野村宗訓教授に大変ご尽力いただきました。お二人の熱い思いによって、この本ができたと言っても過言ではありません。さらにお二人から特別寄稿までいただき感謝の至りです。そして最後に、丁寧に編集、校正をしていただいた関西学院大学出版会、産業研究所事務室の皆さまにお礼を申し上げます。

関西学院大学産業研究所長　梶浦　昭友

目次

第 1 章

基調講演

アジアとつながる関西経済を考える
中 村　稔（近畿経済産業局総務企画部長）
観光立国の実現に向けた取り組みと関西の観光振興
森　宏 之（近畿運輸局企画観光部長）

アジアとつながる関西経済を考える

中村　稔

中村　稔氏

東京をアメリカに例えるなら、関西は多様な歴史と文化が並存しているヨーロッパに例えることができます。この歴史と文化が関西の経済力の源になっています。江戸時代、京、大坂の文化は上方文化といわれました。この上方文化のうち良いものが江戸に『下り』、つまらないものは『下らなかった』ことが『下らない』の語源になったとされています。現代でも東の京都が東京都で、本当の京都は関西にあるわけです。

私自身、関西での勤務は今回で三回目になります。兵庫県に出向しているときには、地域の活性化につながるさまざまな事業と連携してきました。

その中で大きく花開いている事業のひとつが、明治時代以降、いち早く最先端の洋風文化を受け入れてハイカラなイメージを定着させている神戸からファッションを発信する神戸コレクションです。バイヤーを対象にしたＢｔｏＢではなく、消費者に向けたＢｔｏＣを重視した画期的なファッションショーとして高い評価をいただいています。ショーには二〇代の女性を中心に一万人以上が参加。一過性のイベントに終わらせないように、地元ではファッションウィークを開催し、空港などさまざまな場所でイベントを開催するなどして、神戸の街をファッション一色に染め上げています。この神戸スタイルを東京で取り入れたのが東京ガールズコレクション。このように、神戸コレクションの効果は全国に波及しています。それ以外でも神戸では歌劇のレ

神戸コレクション

（出典）　兵庫ファッション産品国際化セミナー議事録
http://www.jetro.go.jp/jetro/japan/kobe/report/fashion-seminar/pdf/090325.pdf

ビューがさかんです。「歌劇★ビジュー」という歌劇団は、姫路市内で開催された全国菓子博覧会や上海万博でもパフォーマンスを披露しており、国内外から高い評価を得ています。

これだけの文化や歴史を海外に発信しない手はありません。その一環として近畿経済産業局では、関西の総領事館に勤務する外交官の方々を対象にした関西ツアーを定期的に開催しています。前回は堺市を舞台に開催し、堺ゆかりの千利休を祖とする茶道や地場産業の自転車、包丁や日本刀の製造現場、世界遺産登録を目指す仁徳天皇陵などを一〇カ国の方々

堺の刀作り（水野鍛錬所）

近畿経済産業局提供

堺鉄砲館

近畿経済産業局提供

に見学していただきました。中世の鉄砲の生産技術が現在の自転車産業につながっていることなど、過去と現代を同時に見学することで実感してもらえる内容の濃い事業にすることができました。こういった取り組みはほかの地域ではなかなかできません。

歴史、文化に根ざした伝統産業だけではありません。関西には鉄鋼業や造船業をはじめとする重工業、薄型テレビをはじめとする電機・機械産業など分厚い産業構造があります。

ものづくりを中心とするすぐれた中小企業も数多く集積しています。高機能樹脂の原料供給で世界シェアの八〇パーセントを獲得している企業、HDD（ハードディスクドライブ）用ハブの世界トップシェア企業、アルミ電解コンデンサ用リード線端子の製造で世界シェアの四割を持つ企業など独自の分野で高いシェアを持つ中小企業が数多くあります。

これからの新しい産業を生み出す科学技術の基盤も存在しています。そのひとつが世界最大の出力を誇る大型放射光施設「SPring8」に併設して建造されたX線自由電子レーザー施設「SACLA」です。この世界に類を見ないSACLAのプロジェクトには、関西をはじめとする三〇〇社を超える企業が力を結集して実現しました。X線をレーザーにするXFELを活用した新しい施設が完成したことで、フェムト秒（一〇〇〇兆分の一秒）単位の分子、原子レベルの現象の写真撮影をすることが可能になり、人類がこれまで見ることができなかった新しい次元の研究を可能にしてくれます。

　神戸市内のポートアイランドでは、一秒間に一〇〇〇兆（ペタ）の一〇倍、つまり、一京回の計算能力を持つスーパーコンピュータ「京」が稼動します。京とＳＡＣＬＡをリンクさせることで、膨大なデータを処理してＣＧにより可視化するなどこれまで想像もできなかった未知の研究が可能になります。多くの企業の力を結集してこれだけの施設を作り上げることができる国がどれだけあるでしょう。誇りに思っていいと思います。

X 線自由電子レーザー施設「SACLA」

（出典）（独）理化学研究所ホームページより

　政策面での支援策も用意しています。その一つが国際戦略総合特区。関西も指定されており、九つのエリアをつないで世界と競争できる仕組みを目指しています。規制緩和が最大のポイントで、関西発のイノベーションを制度面からサポートします。関西には世界屈指の大学、研究機関、科学技術基盤の集積があり、世界中から研究者が集まっていますが、さらにその機能を発展させ、テニスのイギリス・ウィンブルドンのように世界中から科学技術の優秀な人材が集まってくる仕組みを作っていかなければなりません。そのためには都市の魅力だけでなく、ゲートウェイの機能を持つことが大事です。

大事な取り組みの一つがブランド化の推進です。例えば、神戸パール。神戸は真珠の集積地ですが、バイヤーを対象にしたＢｔｏＢの機能だけでなく、多くの消費者に神戸を訪れた上で真珠を買ってもらうための企画を進めています。例えば、海外ではアラブ首長国連邦のドバイには金細工の市場（「ゴールド・スーク」）があり、オランダのアムステルダムはダイヤモンドの集積地としてブランド化に成功しています。

ドバイにある金細工の市場「ゴールド・スーク」

筆者撮影

なお、淡路島ではアニメなどのジャパンクールをテーマにしたプロジェクトの構想があります。関西が生んだ偉大な漫画家、手塚治虫さんのコンテンツを展示するミュージアムパークを中心にアミューズメントゾーンを作るＡＴＯＭプロジェクトです。ＡＴＯＭは、キャラクターの鉄腕アトムと淡路（Ａ）・手塚（Ｔ）・治虫（Ｏ）・ミュージアム（Ｍ）の頭文字をかけあわせた言葉です。世界中から人が集まる仕組みを作り、瀬戸内海を回遊する観光ルートを作ることができないかと考えています。淡路は、日本神話における国生みの島としても知られており、この島の土を使って作った関空を玄関口に日本を訪れてもらうというのもアジアのゲートウェイとしておもしろい試みになるのではないかと思います。

日本にとって観光は非常に重要な分野だと思います。現在、日本を訪れている観光客は八六〇万人です。例えば、中欧に位置するポーランドでは、三八〇〇万人の人口に対して二億人が出入国しています。この数字と比較すれば日本はまだまだ鎖国状態といっていいのではないでしょうか。確かに日本は極東で地理的にはハンデがあるのかもしれませんが、関西の三空港の活用などにより、さらにたくさんの観光客を誘致すべきです。

海外から人を呼び寄せる上で企業にも期待がかかります。例えば、和歌山県には島精機という非常に高度な技術を持った企業があり、世界各地から多くの業者がその製品を買うための研修に訪れています。神戸医療産業都市も医師のトレーニングや共同研究の場所として、多くの人を呼び寄せる企業、研究機関がそろっています。

海外展開には空洞化のリスクもありますが、海外で稼いだ利益を国内に還元してマザー工場や研究開発機能を拡充することなどにより国内雇用を増やしているケースも少なくありません。サービス分野でも大阪を本拠地とする教育サービスの公文式が、日本で培ったノウハウを活用して四六カ国に展開するなど大きな可能性があります。このように関西には魅力的な資源があふれ、ポテンシャルに満ちています。これらをしっかりと磨いて発信していけば大きな可能性が生まれるはずです。

観光立国の実現に向けた取り組みと関西の観光振興

森　宏之

森　宏之氏

日本政府は、平成一五年にビジット・ジャパン・キャンペーンを開始、二〇年に観光庁を設置、現在、新成長戦略の戦略分野の一つとして「観光立国・地域活性化戦略」を進めています。国際観光の推進はわが国のソフトパワーを強化するだけでなく、少子高齢化時代の経済活性化の切り札の一つと考えられています。平成二一年の国内における旅行消費額（図1）は二五・五兆円、生産波及効果は五三・一兆円とされる一

図1　国内における旅行消費額（平成21年）

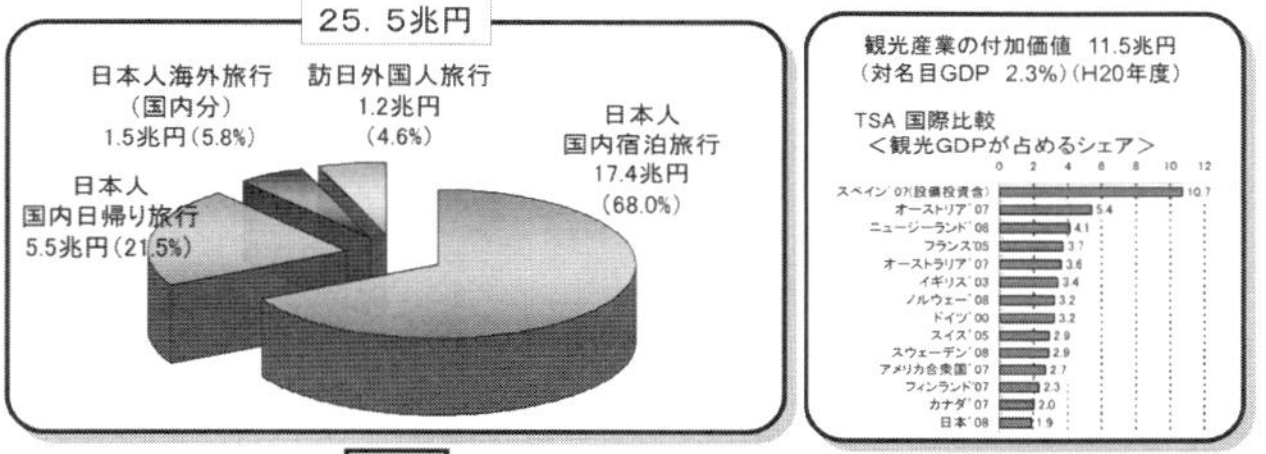

我が国経済への貢献度（経済効果）

生産波及効果	53．1兆円	…6．1%（対国民経済計算　産出額）
付加価値効果	27．1兆円	…5．8%（対名目GDP）
雇用効果	462万人	…7．3%（対全国就業者数）
税収効果	7．4兆円	… 9．6%（対国税＋地方税）

（出典）　国土交通省観光庁「旅行・観光消費動向調査」より

方、観光ＧＤＰが占める割合は諸外国と比べて低く、まだ伸びる可能性はあると考えています。少子高齢化等による定住人口一人減少分は、外国人旅行者九人、国内宿泊旅行者二四人でカバーできると試算され、観光を振興し多くの旅行者を受け入れれば、地域経済の活性化へつながると期待しています。

しかし、日本からの出国者数（図２）はアジア二位の約一五〇〇万人である一方、日本を訪れる外国人は八六一万人と世界で三〇位、アジアで八位です（訪日外国人（図３）は韓国、中国、台湾、香港等のアジアから約七割）。世界観光機関によると、東アジア・太平洋地域の観光市場は二〇一〇年の約二億人から二〇年には約四億人と爆発的に増加すると予想されており、熾烈な外客

図２　外国人旅行者受入数の国際比較

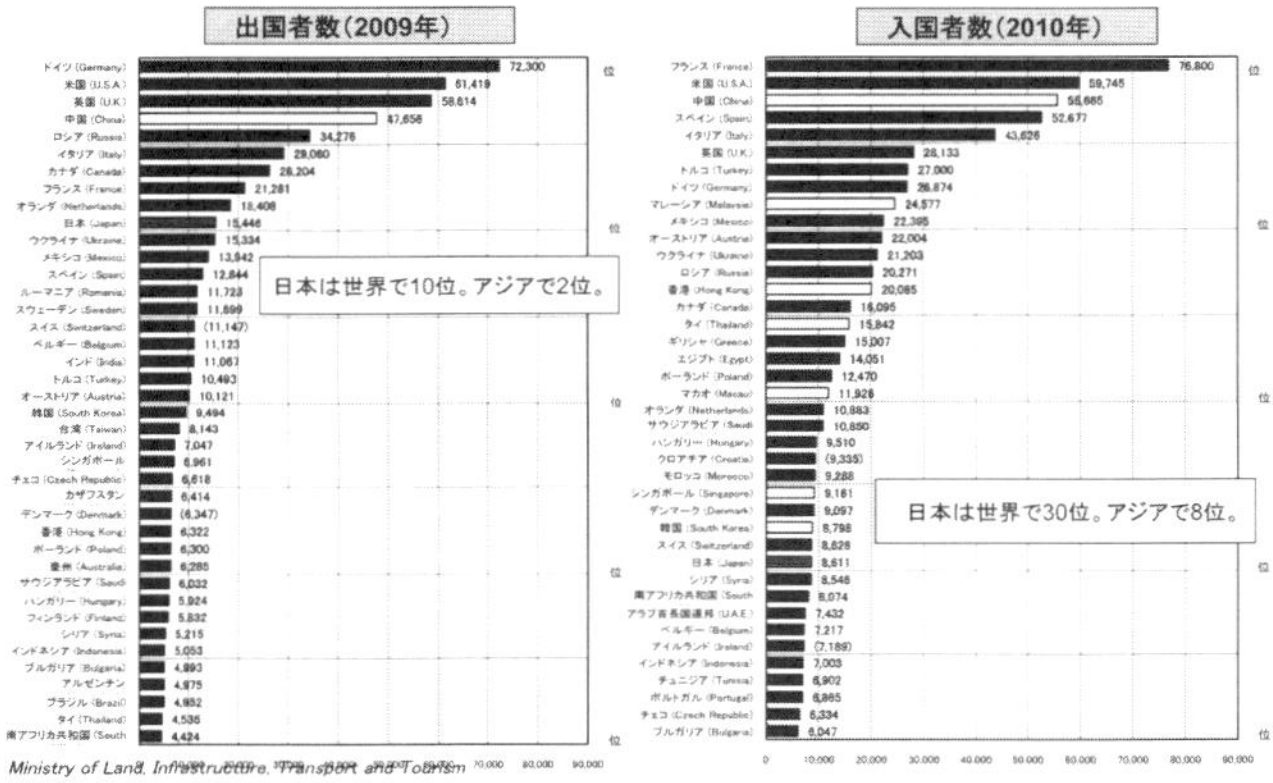

（出典）（独）国際観光振興機構（JNTO）資料より

図３　国・地域別訪日外国人旅行者の割合

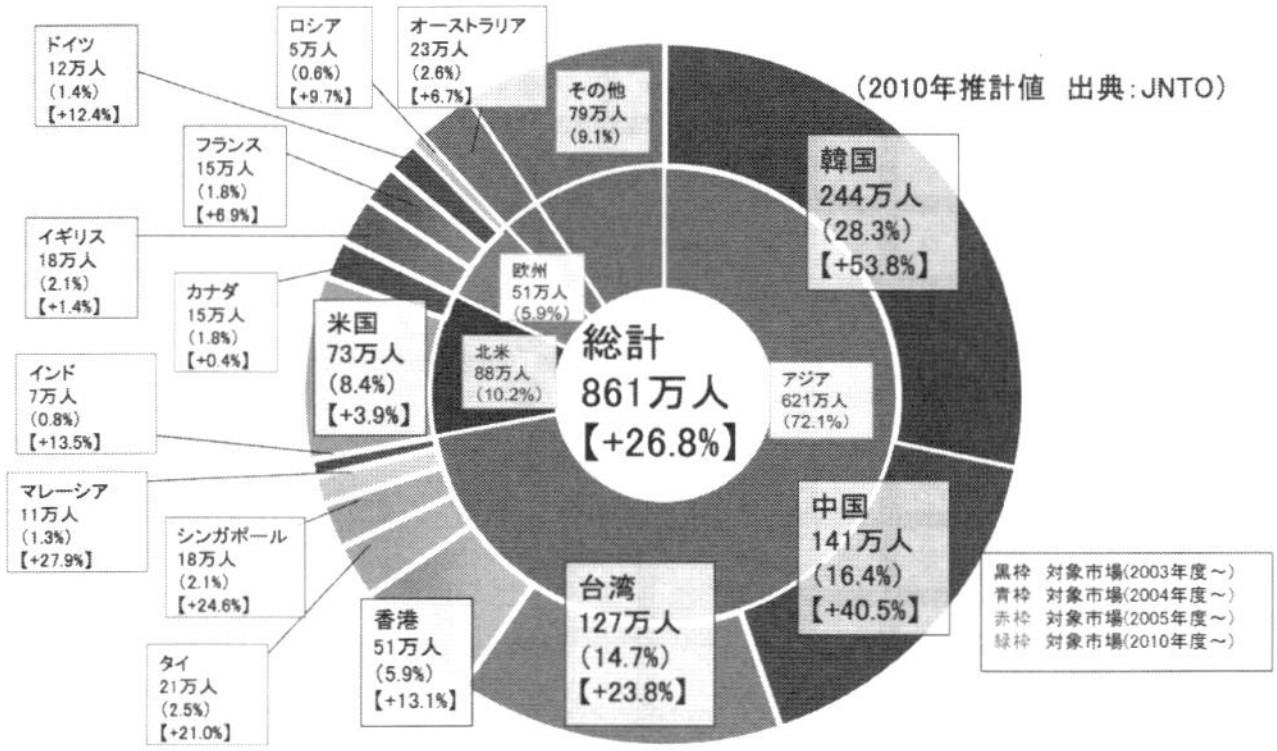

※　（　）内は、訪日旅行者全体に対するシェア、【　】内は、前年と比較した増減。
※　その他には、アジア、欧州等各地域の国であっても記載のない国・地域が含まれる。

図4　観光市場の基本構造

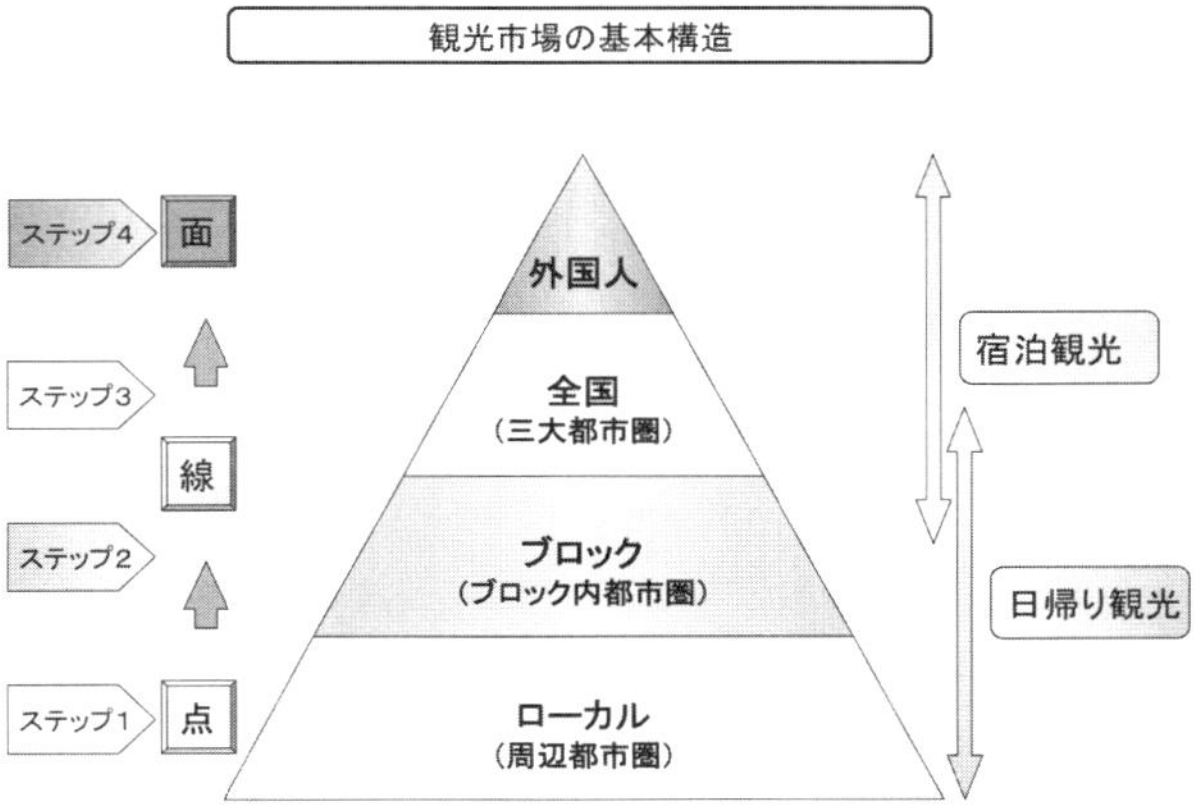

誘致のための国際間競争が生じています。観光庁においても、将来、年間訪日外国人二五〇〇万人を目標に施策に取り組んでおり、関西でも地方公共団体、観光関係事業者ほか、関係者の皆様方と連携し、近畿運輸局はビジット・ジャパン事業を推進しています。

観光市場の基本構造（図4）を見ますと、ブロック内都市圏や周辺都市圏からの移動が多いですが、インターネットの進展や着地型観光が求められる中、全国レベルの移動や外国人旅行者等の宿泊観光へも目を向けることが重要です。特に、関西は、公共交通の利便性が高く（図5）、一〇〇キロメートル内に独自性のある多様な観光地が多数存在する魅力的なエリアでありますので、近年のＬＣＣの動向、九州新幹線開通、クルーズ就航等には大きく期

図５　関西の観光地としての優位性

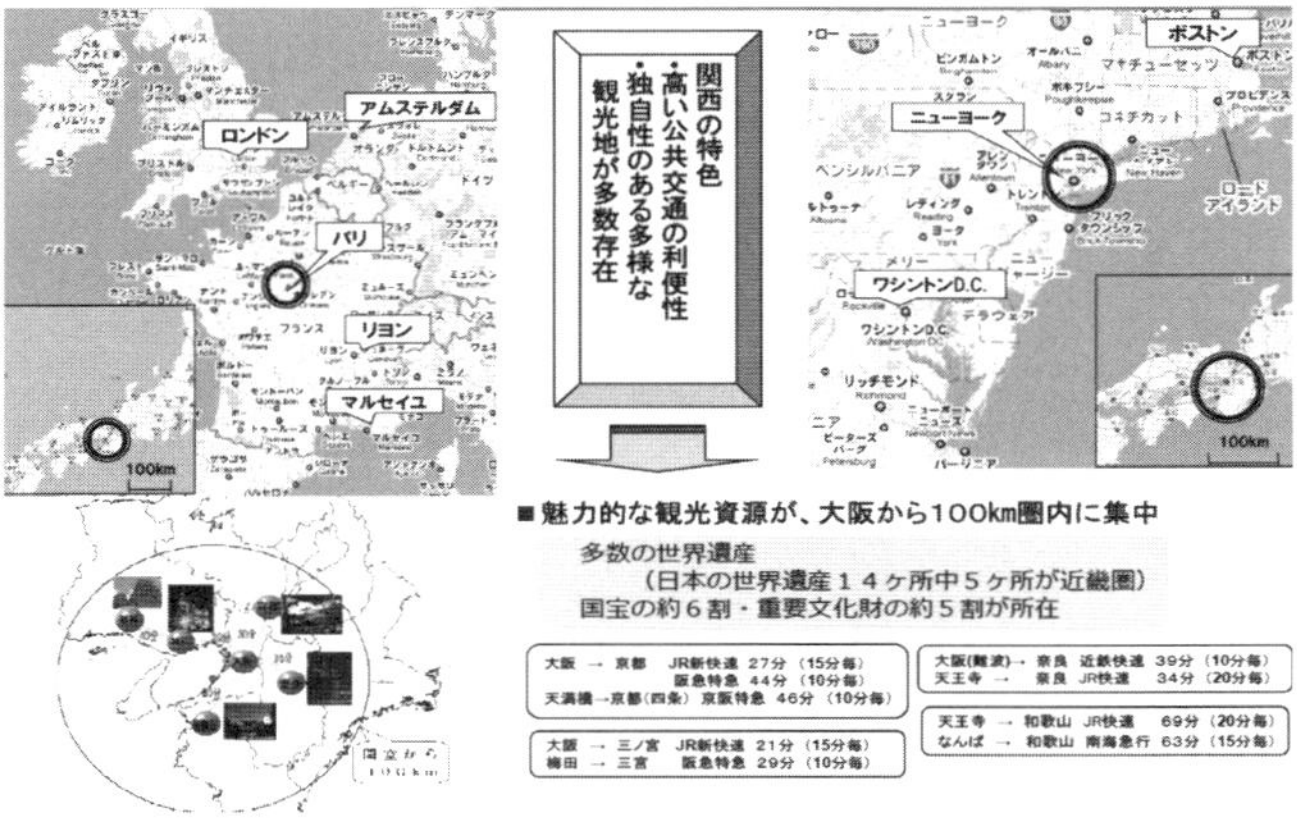

待をしております。

訪日外国人の特性を見ますと、台湾、香港からの訪日目的は観光がほとんどでリピーターが多い、また、中国は初めての訪日が多く滞在日数が長い（二〇歳台～五〇歳台の女性が増加、初めての訪日の多くが東京～富士～京都・大阪のゴールデンルート）、一人当たりの旅行支出額では欧米豪からの訪日客が高い（一日当たりでは香港も高い）といった傾向があります。さらに京都は他の場所と比較して欧米の方が多い等、こうした訪日外国人の特性等も分析し、効果的なプロモーションを展開していく必要もあります。

こうした旅行商品の造成等のプロモーション以外にも、国際会議等ＭＩＣＥの誘致（図６）や、スポーツ、医療、アニメ等ニューツーリズムの推進（図

図6　MICEの誘致

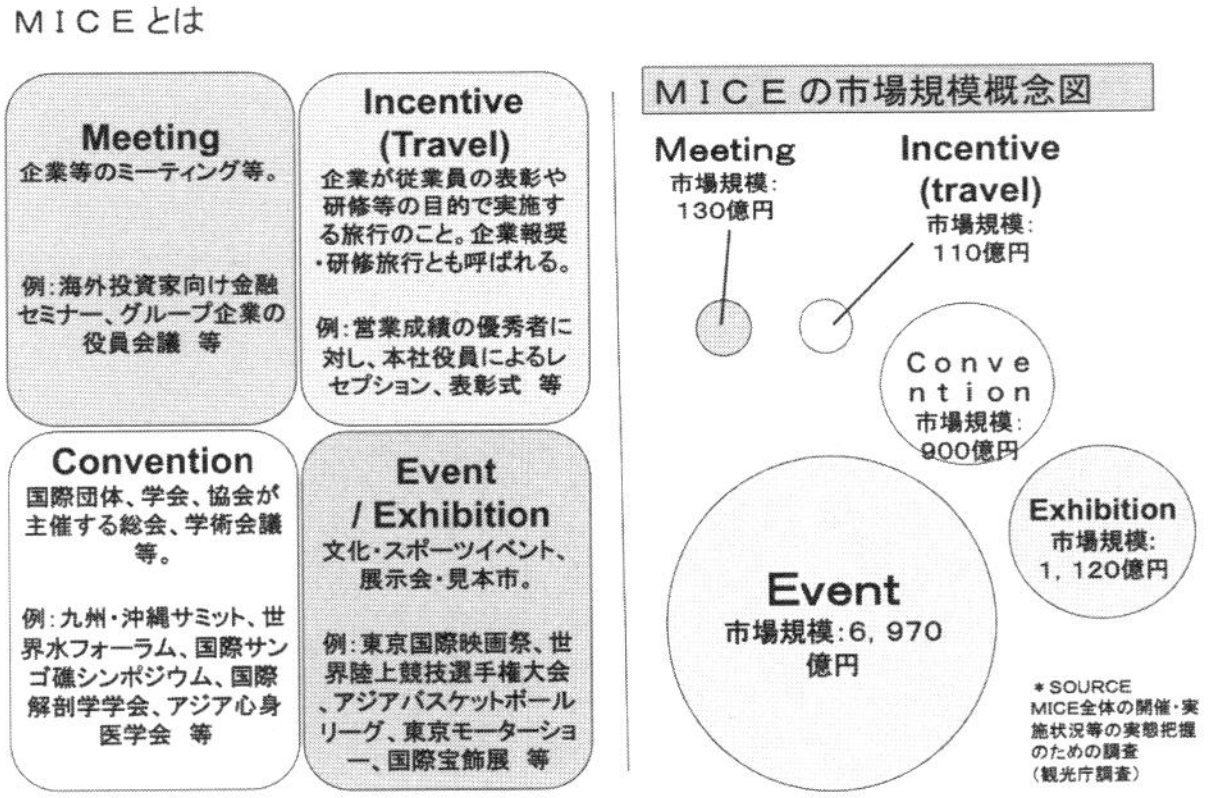

7）、さらには、外国人旅行者受入環境の整備にも力を入れております。東日本大震災、台風一二号により落ち込んだ観光需要は、関係者の皆様方のご努力により回復（図８）しつつあり、復興にも寄与することを願っております。皆様方からの更なるご理解・ご協力をお願いし、関西の観光振興のため、観光立国の実現に向けた取り組みを更に推進して参ります。

図7　ニューツーリズムの推進

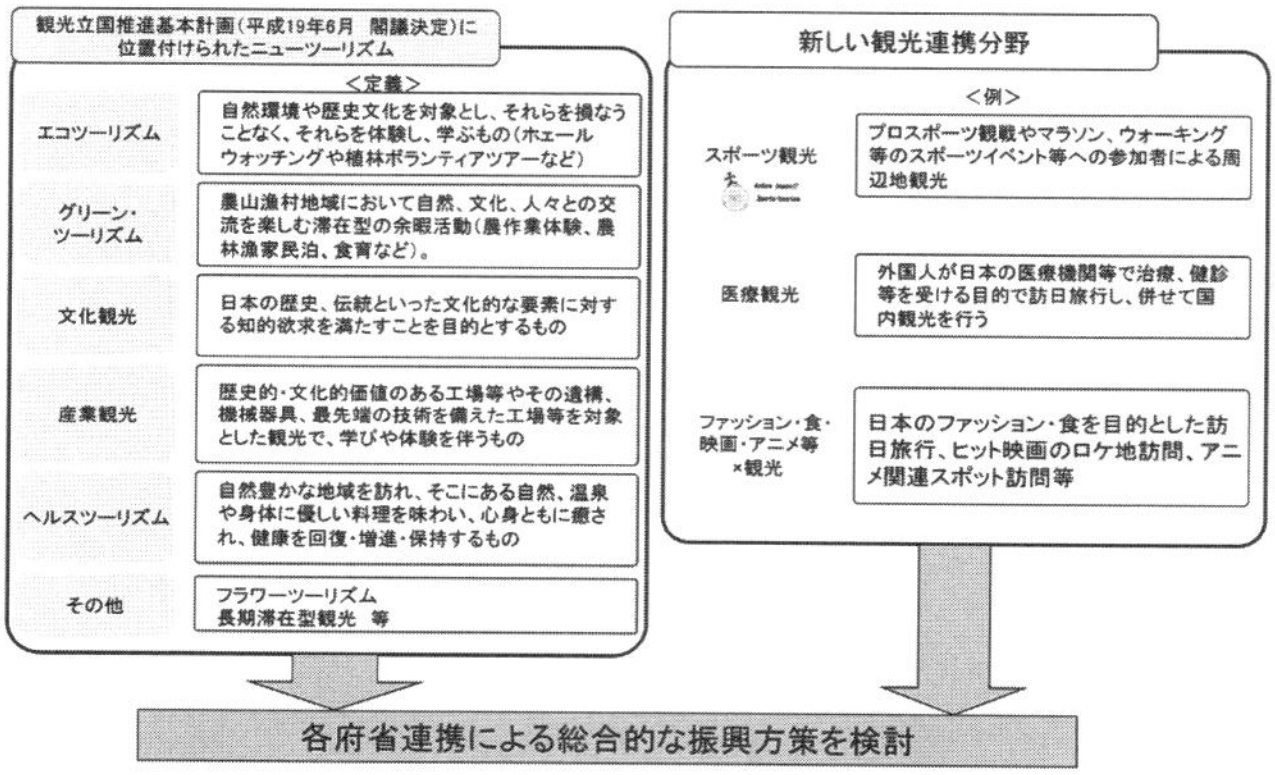

図8　東日本大震災後の旅行需要の回復・促進に向けた取り組み

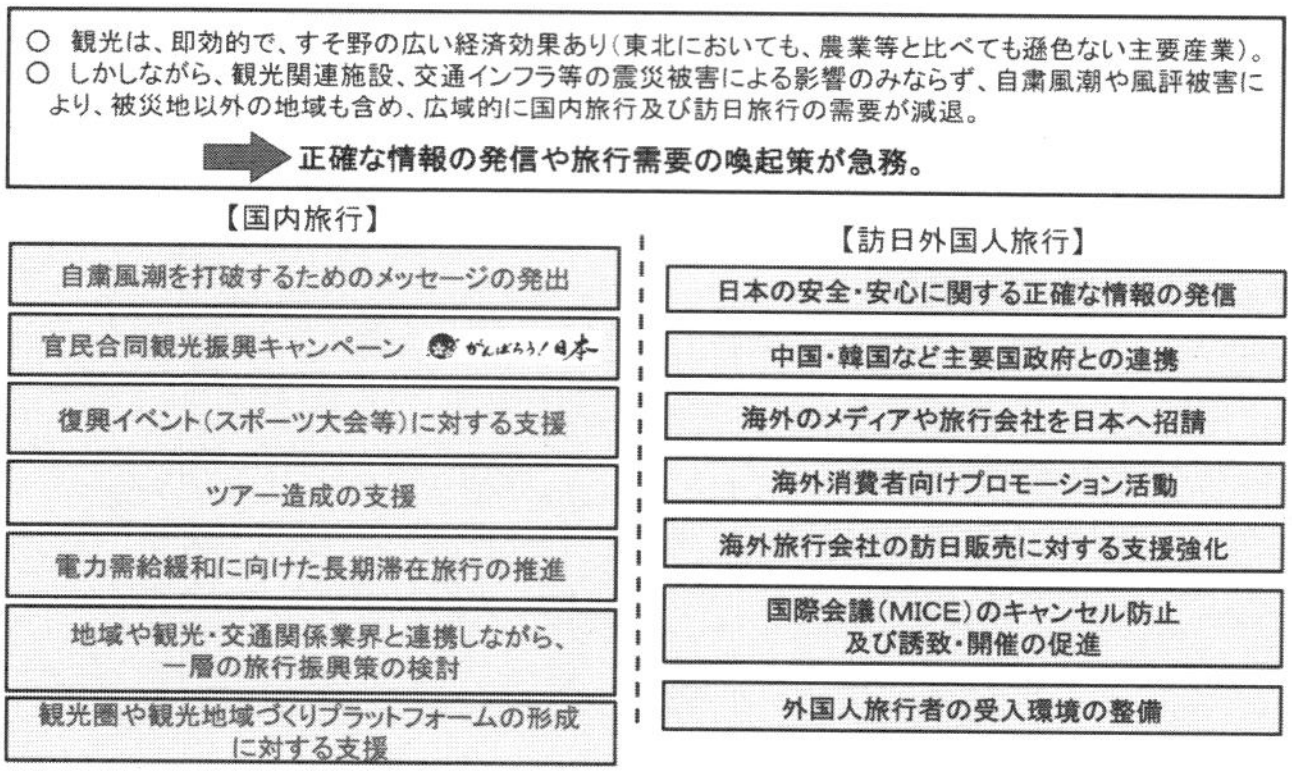

第2章

パネル・ディスカッション

パネリスト

川 勝 厚 志（株式会社カネカ常務執行役員高砂工業所長）
髙林喜久生（関西学院大学経済学部教授）
引 頭 雄 一（関西外国語大学外国学部教授）
中 村　　稔（近畿経済産業局総務企画部長）
森　　宏 之（近畿運輸局企画観光部長）

司会・コーディネーター

佐 藤 泰 博（産経新聞大阪本社編集局経済部部長）

アジアとつながる関西経済

――関西からいかに元気を発信していくべきか。関西経済の現状についてお話しください。

川勝　弊社にとって関西は、主力の生産拠点である高砂工業所と大阪工場、滋賀工場が集積し、連結売上高の約半分を稼ぎ出す重要な地域です。港湾、空港、道路網といった交通インフラが整い、レベルの高い大学が集積しているので優秀な人財も確保しやすい。首都圏と比較してアジアに地理的に近いのも魅力です。特に、多くのユーザー、メーカーが多く、原料、設備、製品のロジスティック、サプライチェーンが発達しています。

高林　関西の経済構造を、地域ごとに交易の状況を数値化した域際収支を使って説明したい。強い業種であれば黒字に、弱い業種であれば赤字になるので、各地域の産業の特徴をわかりやすく分析することができます。関西の域際収支を二〇〇五年のデータで見ると、分厚い産業構造を反映して金属、機械、商業・運輸、その他の製造業が黒字になっています。その一方で赤字になっているのは農林水産業、情報通信業。一方、中部地方を見ると、自動車産業に代表される機械の黒字が突出した構造になっています。関東地方は情報通信産業の黒字が突出し、製造業は赤字になっています。北海道は農林水産業、飲食料品が黒字、東北は農林水産業、飲食料品、機械が黒字になっています。各地域の特徴を踏まえた上で関西を見てみると、まんべんなく強いが突出して黒字を稼ぐ産業がなく、いかに産業同士の効果的な連携を図るかが鍵。その点では地方公共団体や、関西広域連合の役割が重要になると思います。

髙林喜久生氏

川勝厚志氏

引頭　長年、空港計画・運営などのコンサルティングに携わってきた経験から言えることなのですが、関西は今、大きなチャンスを迎えています。一つは、関西国際空港と伊丹空港の経営統合。もう一つはピーチアビエーションなどＬＣＣの相次ぐ就航。これらの流れをどのように生かしていくかが大きな課題です。関空の場合、赤字空港というレッテルが張られており問題視されますが、これは建設時における借入金に起因する多額の支払利息があるために、これを補うための政府支給金が問題になっているだけです。本来の空港運営に係る営業収支は立派に黒字を継続しています。伊丹空港も国の試算によれば高い収益力を持つ黒字空港です。今回の経営統合によって相乗効果を発揮できるのではないかと期待しています。

中村　日本は少子高齢化を迎え、これからの高度成長は期待しにくい。その一方でアジアは急成長し、中間層が一〇億人に増え、消費も日本の四・五倍になると予測されています。日本の輸出の約八割を占めているアジア・太平洋地域は日本にとって本当に重要な地域です。日本の貿易収支は二〇一一年に三一年ぶりに赤字に転落しましたが、所得収支が黒字だったことから経常収支は黒字を維持しています。貿易収支と経常収支の黒字を維持し続けることが重要です。

引頭雄一氏

その中でＷＴＯでの多国間交渉は行き詰まり、ＦＴＡやＥＰＡといった特定の国や地域との貿易自由化交渉が主流になっています。日本の場合は、メキシコとＦＴＡを締結した後、自動車の輸出が増えたという実績があります。しかし、二国間交渉で日本は遅れ勝ちです。ＦＴＡを締結している国との貿易は、韓国が三五パーセント、アメリカが三八パーセントに対して日本は一八パーセントしかありません。こういった状況下、環太平洋で自由貿易圏を作る動きがでています。ＡＳＥＡＮ一〇カ国に日中韓を加えたＡＳＥＡＮプラス三に中国が前向きになっていますが、日本はこれらの国々にインド、オーストラリア、ニュージーランドを加えたＡＳＥＡＮプラス六を主張しています。インドの成長には著しいものがあり、これらの国々を巻き込んでバランスよくやっていくべきだと思います。

この流れの中で、シンガポール、ブルネイなどアジアの四カ国から始まり、アメリカ、オーストラリアなどが参加しているＴＰＰに日本が参加するかどうかが大きなテーマになっています。賛成、反対を含めてさまざまな議論がありますが、ＴＰＰを推進することでアジア太平洋での貿易がさかんになることは確かです。内外無差別となれれば、海外で不当な扱いを受けることは減るでしょう。その一方で、関税の撤廃によって農業が衰退し、食糧面での安全保障に懸念が生じるなどの指摘もありますが、それも工夫次第だと思います。多数の国の利害がからむＴＰＰの交渉はマルチ・ラテラルに進めることになり、その中で戦略的に合従連衡していくことになるでしょう。

森　観光産業についてもしっかりと分析した上で戦略を立てなければなりません。現在、五年かけて、観光産業がもたらす生産の誘発や波及効果の検証をしています。観光産業は裾野が広い。宿泊、お土産などの工芸、交通などの各分野が有機的に連携していくことが大事です。例えば鉄道。九州新幹線の開通では、九州に観光客を呼び込むために積極的に域外での観光イベントが行われました。このように域内と域外で連続性をもたせた戦略を構築することが大事。人の動きが活発になればなるほどビジネスチャンスは広がります。

――日本企業のアジアへの進出がさかんだが、製造業にとってアジアにはどんな魅力があるか。

川勝　この点については弊社のグローバル戦略からお話したい。一九七〇年にベルギーに現地法人を設立して以来、シンガポール、アメリカのヒューストン、マレーシア、中国、ベトナムを立ち上げ、安定操業しています。グローバルに戦略を考える中でアジアは特に成長が著しいエリアと考えています。これからの海外展開ではさらに各拠点に加え、インドでも新規プラントまたは能力増強を図っていきたいと考えています。その一方で、マーケットニーズを的確にとらえるため、韓国、台湾、中国にオフィスを設けるなどアジアのネットワークを強化していくつもりです。特にア

図1　アジア人財育成プログラム

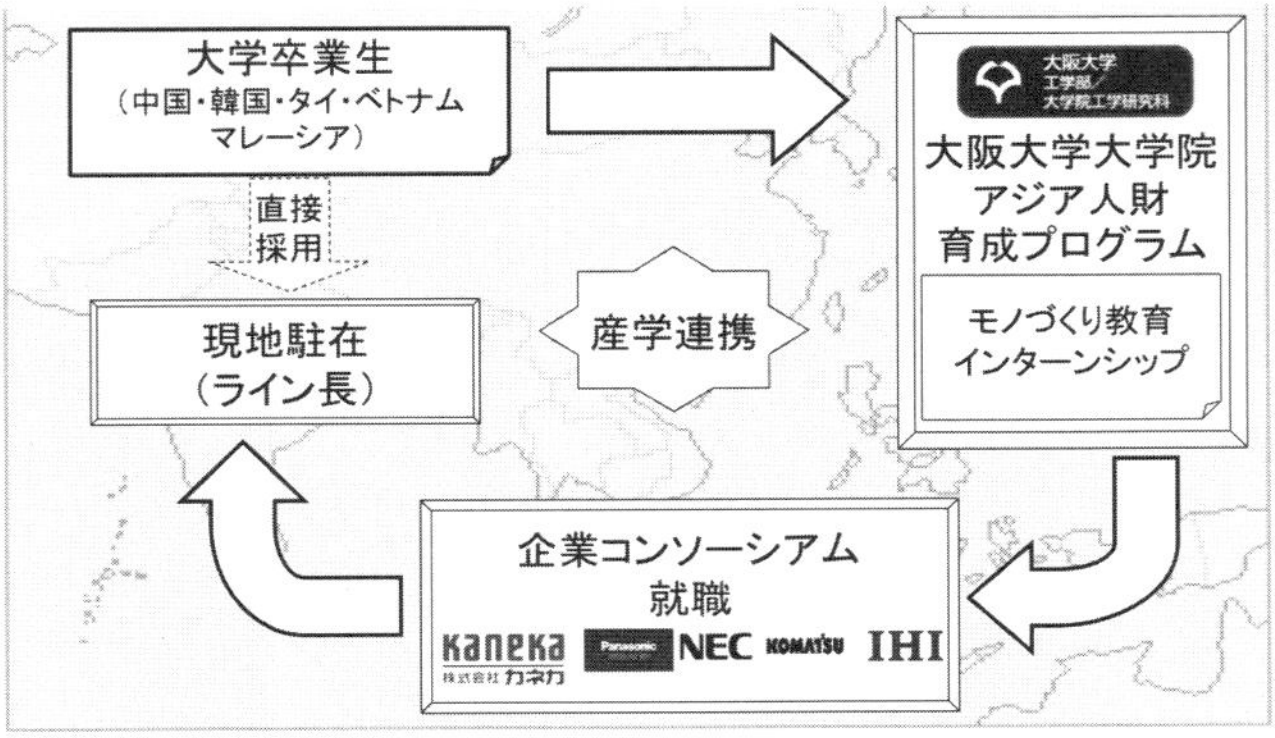

ジアにおける市場ニーズを把握し、速やかに研究開発に繋げてゆくことを目指しています。また、アジアには優秀な人財が多いと考えており、彼らに、日本の文化、風土を知ってもらったうえで、企業に入ってもらうスキームを考えています。大阪大と連携し、アジアの四年制大学の卒業生に二年間、大阪大の大学院で学んでもらうという新しい取り組み（図1）を、日本の関西メーカー五社（パナソニック、コマツ、IHI、NEC、カネカ）でコンソーシアムを組んで進めています。学生たちには日本でモノづくりについて学んでもらい、日本の企業への就職活動をしてもらうということを考えています。アジアの優秀な学生の採用と同時に日本の技術を現地に根付かせることも考えています。

髙林　韓国、中国、国内の関東地方と対比した関

図２　関西と韓国・中国の景気連動関係

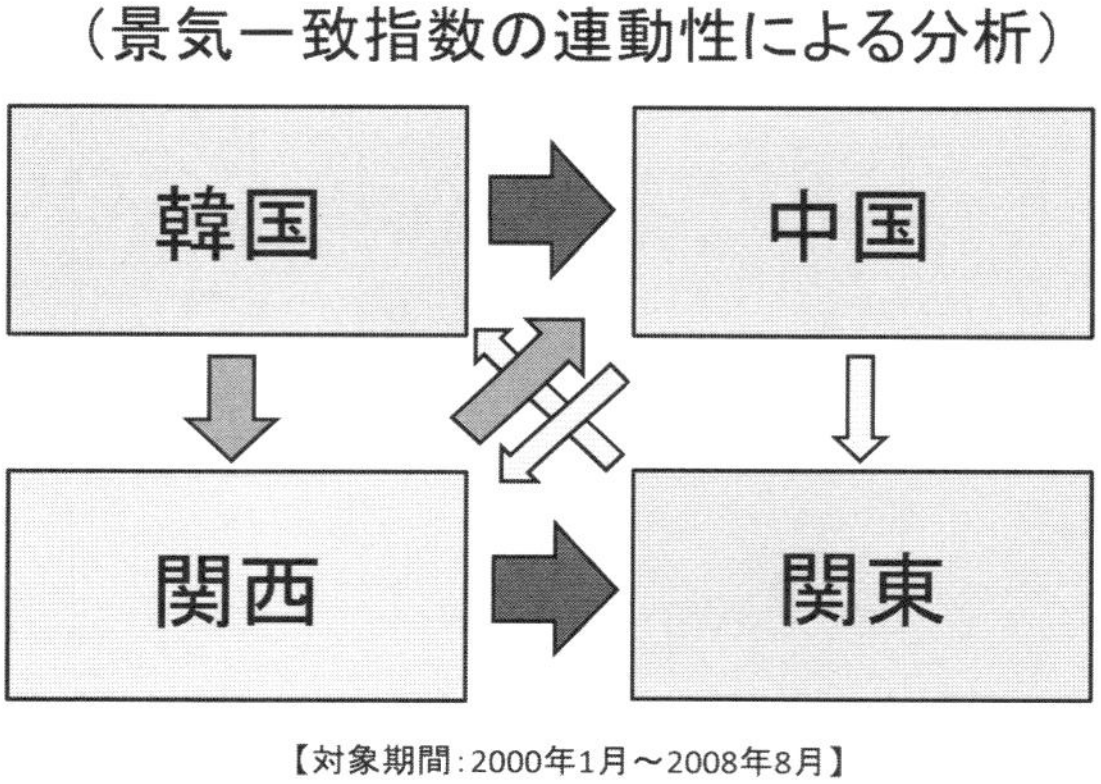

（出典）　根岸紳編著『関西経済の構造と景気指数』（関西学院大学産研叢書35、2012年、日本評論社）第９章「東アジアと関西：景気一致指標から連動性を探る」より作成

西経済の構造（図２）について、景気指数の連動性を活用して考えたい。地域ごとに見ると、まず韓国から中国に部品などを輸出する大きな流れがあります。同じ流れは関西に対してもあり、この構造の中では韓国経済がダメージを受ければ、中国、関西もダイレクトに影響を受けることがわかります。逆に韓国が好調であれば、関西もその影響を受け、関西から関東への需要も伸びる傾向があります。いずれにしても日本はアジアの景気の影響を強く受ける構造になっています。その中でも関西は、アジアの経済成長の受け皿になり、日本のほかの地域にその効果を波及させていく役割を担っているといえます。

関西の活性化のポイントは企業誘致です。

しかし、自治体間での企業誘致競争は激しくなる一方で、このことは大きな懸念材料です。関西の自治体同士で連携することは容易ではないが、個別に対応していては、ほかの地域との競争に負けてしまう。広域で競争しながらも協調してアジアの成長を取り込むために何をするかが重要です。

引頭　空港も同じです。関西には関空、伊丹、神戸に加え、忘れないでいただきたいが八尾空港もあります。関空と伊丹の経営が統合されることになったのは、関空の借入金の支払利息の負担が重すぎることが背景にあり、経営統合を軌道に乗せるには、利益を生み出す仕組みをしっかりと作る必要があります。日本の場合、空港のほとんどは国、地方公共団体が運営しています。民営化が進んでいるイギリスとは対照的です。空港は航空会社にいかに使ってもらえるようにするかがキーポイントになります。その意味では空港側にとってはピーチをはじめとするLCCに対してどのようなサービスを提供できるか、がこれからの大きなチャレンジとなるでしょう。

現在、関空は株式会社、伊丹は国、神戸は市と運営主体が分かれており、国が定めた役割分担にしたがって、各空港とも粛々と空港運営を行っていて、連携が全く働いていません。同一地域に複数の空港がある場合、ニューヨークやパリのように同一の経営主体で運営する方法と、ロンドンのように競争原理を働かせて異なる経営主体で運営する方法があります。関西の場合は各空港とも生い立ちが異なりハンディキャップがありすぎるため、まずは経営統合によって三つの空港を一体運営すべきではないでしょうか。現時点では三者統合というわけにはいきませんが、まずは関空、伊丹の経営統合がどのように機能するのかに注目したいと思います。まずは経営統合を機会として、利用者、航空会社の目線から各空港の特質と役割を明示する必要があると思います。例えば、ビジネス集積地から近い伊丹空港では料金負担力の強い利用客に焦点を絞ったサービスを提供し、そのためには着陸料、施設利用料等を上げることもありうると思います。その一方で、関空は時間に余裕のある利用者を対象とし、利用料を引き下げることでさらに誘致を図るといったことも柔軟にできるようになるはずです。利用者のニーズにあったサービスを提供するという視点に立つのなら、伊丹空港にも国際線の一部を導入するといったことも考えるべきだし、将来的には神戸空港も、先に触れた小型機専用の八尾空港も一体運営することによって、どのようにしてユーザーに対応した適切な運営を行っていくかが課題になります。

ＬＣＣは関西経済に大きなインパクトを与えるはずです。大手航空会社の半値以下の運賃で利用することができるので新しい顧客を創出できるでしょう。国内のマーケットにおいては高速バスとか新幹線を利用していた旅客ばかりでなく、これまで旅行に出かけることの少なかった新たな顧客層を開拓する可能性があるし、国際マーケットにおいては日本で働いたり勉強したりしている外国人が気軽に里帰りしたり、家族を日本に呼んでくるといった新たな需要を掘り起こすことができるでしょう。首都圏の成田空港でも関空より一歩遅れて今年の七月からLCCの就航が開始されますが、停滞気味のわが国の航空界にカツを入れるためにも新しい需要を作っていくことが重要でしょう。夜中も働くLCCにとっては二四時間空港の関空こそが拠点空港としてふさわしいと思います。

――最後に、関西の活性化には何が必要かを、それぞれの立場からお話し下さい。

中村　関西は宝の山だと思います。電力不足や歴史的な円高といった逆風に加え、さまざまな課題があることは事実ですが、これらを乗り越えることで強力な競争力を持つことができます。この宝の山を原石のままにしておくのではなく、しっかりと磨いて世界に発信する仕組みを作ることが必要です。それには海外を常に意識し、世界中から人々を引きつけることが重要です。多くの人は海外に行ったときの経験をいつまでも覚えています。それは、おいしかったり、楽しかったり、うれしかったり、勉強になったと感じることが多いからでしょう。この四つの要素の頭文字をとれば正にOTUB（大粒）になります。「大粒の感動」をいかに海外の人に感じてもらい、日本へのあこがれを持ってもらえるか。これが関西活性化のキーワードになるはずです。

森　関空でLCCの専用ターミナルの建設が進んでいるのは関西がLCCの聖地となる上で象徴的な出来事だと思います。新しい動きがでれば新しい需要も生まれます。こういった動きを活用することで関西の経済を活性化していくべきです。

川勝　前述しましたように、弊社は、成長市場のアジアでの市場開発・製造・販売に力を入れています。それは、単に現地での安い労働力を使って安く作ることを意味するのではなく、〝グローカル〟すなわち、カネカグローバルネットワークと同時に、ローカルにおいて生産技術力・モノづくり力を現地にて作り上げ、ローカルの自主業務運営ができるようにすることです。弊社は四月より「地域統括会社」を設立し、特にアジアでは上海を中心にアジアの関係会社を統括管理いたします。それは、グループのガバナンス体制強化のみならず、地域に応じたマーケットニーズの把握と市場開発のスピードアップと同時に生産技術力・モノづくり力を作り上げ、ローカルに移管して、WIN・WINの関係を構築することが重要だと考えているからです。日本には、力と技があります。その強みをさらに生かすために、また関西の活性化のために産官学の連携がこれまで以上に必要になると思います。

髙林　前半では東の方角の国々との景気連動関係に注目したが、最後に南の方角の国・地域である台湾、香港、ASEANと連携していくことの大切さ（図3）を強調したい。これらの国・地域は経済成長率が高く、その経済規模に対して関西からの輸出の規模も大きい。このアジアのパワーを取り込んでいくことが大切です。

図３　関西の国別輸出額と輸出国の経済規模

順位	国・地域	輸出額（2010年、百万円）	対中国比	名目GDP（2009年、億米ドル）	対中国比
1	中華人民共和国	3,541,674	1.00	4,984	1.00
2	アメリカ合衆国	1,568,254	0.44	14,119	2.83
3	台湾	1,355,878	0.38	379	0.08
4	大韓民国	1,204,825	0.34	833	0.17
5	香港	997,954	0.28	211	0.04
6	タイ	672,235	0.19	264	0.05
7	シンガポール	569,966	0.16	177	0.04
8	ドイツ	479,355	0.14	3,330	0.67
9	マレーシア	419,950	0.12	191	0.04
10	インドネシア	326,545	0.09	540	0.11
（参考）	ASEAN	2,447,236	0.69	1,490	0.30

（資料）　大阪税関資料及び総務省『世界の統計2011』より作成。
（注）　関西は２府４県（大阪、京都、兵庫、滋賀、奈良、和歌山）を指す。

引頭　空港間競争ということがよく話題になりますが、空港にとっては第一義的に重要なことは、空港を取り巻く地域から発着するターミナル需要をしっかりと引き受けることだと思います。乗換えを主体とするのではなく、周辺地域から足を運んでもらうだけの需要をどのように増やしていけるかが大切です。そうすれば、自然と乗り換え需要も増加していくでしょう。また、近隣空港との空港間競争の話がよく出ますが、海外に目を向けたとき、中国の空港は非常に混雑しており、上海の浦東空港も発着枠がなかなか取れない状況になっています。場合によっては、関空と結ばれる相手空港における航空会社の発着枠を確保できるような支援も必要でしょう。そのためには、空港間競争という言葉からは競合空港として見てしまいがちな近隣空港とも手を組み合って協力し、共に切磋琢磨することも必要かもしれません。そして更に大切なことは外からの視点です。例えば、日本人の感覚では海外からの観光客に対して「京都は歴史があって素晴らしい。ぜひとも古都京都の良さを楽しんでもらいたい」ということになりがちですが、海外の人たちから見ると古都京都ばかりでなく、世界に誇れる最先端企業の立地する地域であり、古都京都に加えて産業都市京都という視点も組み込んでアピールすることが重要だと思います。すでにグローバル時代に突入しているのですから、一度地図をひっくり返してみてください。そして、日本の中からの視点だけでなく外から見た感覚を持って日本が、関西がどのように見えるか、どのように変わるべきかを考えていかなければならないと思います。

第3章

寄稿

関西——アジア経済首都としてのポテンシャル

若 狭　　弘（産経新聞大阪本社総合企画室）

関西　――アジア経済首都としてのポテンシャル

若狭　弘

1　成長と衰退の分水嶺に立つ関西

成長か衰退か。国境を越えた経済活動がすさまじいスピードで拡大している現在、関西は大きな分水嶺に立っているといえます。交通ネットワークと情報ネットワークの進化は、単純工程の生産現場を人件費の安い新興国に流出させる一方、高付加価値型産業については世界中からいくらでも人材を集めることができる社会を生み出しました。ピンチとチャンスが背中合わせとなった環境の中で、何も手を打たず、このまま衰退し続けるか、それとも打って出て経済産業の活性化を目指すのか。答が後者であるのはいうまでもありません。アジアと深いつながりを持った利点を生かすことによって、関西はアジアの経済首都たりえる戦略を描くことができるはずです。

まず、現状を見てみましょう。関西の経済は、アジアの経済と密接に関わっています。二〇一〇年の関西の貿易額は、前年比一八・二パーセント増の約二六兆円（輸出額約一四兆五〇〇〇億円、輸入額約一一兆四八〇〇億円）。輸出の六五・七パーセントを薄型テレビ、ブルーレイレコーダー、液晶パネルなどの電気機器、建設機械、農業機械などの一般機械、化学製品が占めています。

その中で対アジアが占める割合は輸出額が九兆八〇〇〇億円で六七・八パーセント、輸入額が六兆七〇〇〇億円で五八・六パーセントを占めています。全国の対アジアに占める割合と比較すると輸出で一一・七パーセント、輸入で一三・三パーセント高く、約三兆一〇〇〇億円の黒字をアジアで稼いでいます。輸出を国、地域別でみると一位が二三・一パーセントの中国。次に台湾、韓国、香港、タイ、シンガポール、マレーシアと続きます。

関西経済の屋台骨を支えているといっていい輸出産業ですが、欧州債務問題から波及した世界経済の減速はアジア経済にも暗い影を落としています。アジアにおける需要の減少は、関西からの輸出の減少に直結します。加えて、歴史的な円高トレンド、原子力発電に対するアレルギーが広がる中での電力不足は、企業の生産活動の海外シフトを加速させています。これらの流れに歯止めがからない限り、関西の貿易は今後、恒常的な赤字体質に転落してしまう恐れがあります。これまでの稼ぎ頭だった薄型テレビや太陽電池などの汎用品化が加速する中で、環境、医療などアジアの成長を取り込むことができる競争力の高い産業の育成を早急に図らなければならないでしょう。

一方で、関西は法隆寺、姫路城、京都、奈良の寺社など五つの世界遺産や個性あふれる都市の集積、歌舞伎、文楽、能楽といった古典芸能、六甲山系、瀬戸内海をはじめとする自然など豊富な観光資源に恵まれています。地理的な近さを生かしたアジアからの観光客誘致は、今後、人口減少に伴って減少していく内需を維持、拡大する上で喫緊の課題といえます。

現状では、海外から年間約三〇〇万人の観光客が訪れ、延べ約五二〇万人が宿泊しています。そのうち約八割が、韓国、中国、台湾などアジアからの観光客です。日本を訪れる外国人観光客数は、順調に拡大しているものの世界一位のフランスと比較すると一〇分の一程度しかなく、まだまだ巨大な潜在需要があるといえます。

医療観光や産業観光といった新たな観光スタイルの振興はもちろん、多言語での案内表示や外国語でのもてなしをはじめとするホスピタリティの向上、最適な誘致活動を実施するための調査と情報の収集、分析、ポップカルチャーの活用など外国人向け観光資源のさらなる発掘につながる関西ならではの実効性の高い取り組みを進めていく必要があるといえます。

2　関西産業――地盤沈下の歴史

明治時代から戦後の一九六〇年代まで日本最大の輸出産業は繊維でした。特に関西では大阪を中心に国内最大の繊維産業が集積し、戦前は関西が製造業の出荷額で関東、中部を上回っていました。繊維産業の発展とともに、繊維を売買する商社も本社を大阪に置き、事業を拡大していきました。戦後は繊維産業に加え、阪神工業地帯を中心に鉄鋼、化学などの重化学工業が発展し、高度経済成長の波に乗ったことで、関西は首都圏と匹敵する経済都市圏として繁栄を謳歌していました。

風向きが変わりだしたのは、大阪万博が終了した一九七〇年以降。産業構造が基礎素材中心から自動車に代表される加工組立型にシフトする流れに関西は乗り切れませんでした。

その結果、関西の製造品出荷額のシェアは徐々に低下することになったのです。製造品出荷額の中で加工組立型産業が占める割合を関西と中部で比較してみると中部が約六割を占めるのに対し、関西は四割でしかありません。一九〇九年の時点で全国の四〇パーセントを占めていた関西の製造品出荷額のシェアは、一九七〇年代には二〇パーセントにまで低下。その後も減少を続け、二〇一二年時点では一五パーセントにまで落ち込んでいます。

さらに見逃せないのが、関西経済の核である大阪を拠点とする企業が、本社機能を東京に移す動きが後を絶たないことです。商社、金融、化学、流通とその業種が多岐に渡っています。

一九八五年以降を見ても、コスモ石油、和光証券、カネボウ、ライオン、日本バルカー工業、兼松、住友商事、住友銀行（三井住友フィナンシャルグループ）、ポケットカード、ニチモ、オートバックスセブン、大丸（J・フロントリテイリング）、日清食品などが本社を東京に移しています。本社そのものを移転しない企業の中でも、東京との複数本社制を採用し、大林組や住友化学工業、丸紅、ニチメンなどのように実質的な本社機能を東京に移した企業も枚挙に暇がありません。今後の動きを見ても、二〇一二年秋には、住友金属工業が新日本製鉄に吸収されるほか、二〇一三年一月には大阪証券取引所が東京証券取引所と経営統合するため、現物株市場が大阪から消滅するなど流出の動きは続きます。

帝国データバンク大阪支社が二〇一一年四月に公表した関西の上場企業の売上高動向調査からは、全国で独り負けしているといっていい関西の苦境が浮き彫りになっています。

二〇〇〇年の時点で、一四七兆四三一一億円あった関西（大阪府、京都府、兵庫県、奈良県、滋賀県、和歌山県）に本社を置く上場企業の連結売上高合計は〇八年には一三・四パーセント減の一二七兆七〇二一億円、一〇年には二九・六パーセント減の一〇三兆七五九一億円にまで減少しています。首都圏の動向を同じように比較した場合、〇八年五一・三パーセント増、一〇年二〇・五パーセント増と堅調に売上高を伸ばしています。中部圏の場合、さらに伸び率は高く、同七五・五パーセント増、三七・九パーセント増とその勢いには大きな差があります。

凋落の大きな要因となったのは関西の連結売上高合計の八割を占める大阪府からの本社機能の流出です。二〇〇〇年時点で一二五兆四七八五億円あった連結売上高合計は、〇八年には一九・六パーセント減の一〇〇兆九二二五億円、一〇年には三四・八パーセント減の八一兆八五〇五億円と関西全体の減少率を上回っています。

その間、対照的な動きを見せたのが京都府です。京セラ、任天堂、島津製作所、ロームなど安易に本社機能を首都圏に移転しないハイテク企業が集積する京都は、連結売上高を二〇〇〇年の五兆九六二九億円から一〇年は二九・七パーセント増の七兆七三三六億円に伸ばしています。

その後、二〇一一年三月の東日本大震災の発生に伴う東京電力福島第一原子力発電所の事故によって電力不足に見舞われた首都圏から企業が関西に軸足を移す動きが生まれました。しかし、電力の五割を原子力発電に頼っていた関西にとって原子力発電そのものが国民の信頼を失い、点検のために停止した原子力発電所の再稼動を簡単に容認しない世論が趨勢を占めたことが、大きな痛手となりました。電力の供給体制の脆弱化によって関西への企業移転の動きはぴたりと止まってしまいました。

大阪からの本社機能の流出が止まらないというわかりやすい現象があるゆえに、関西の衰退は、東京への一極集中が原因であるという「東京悪玉論」が長年、幅を利かせています。

確かに日本の国内市場をターゲットとするならば①政府や中央省庁との折衝がしやすい②各業界団体の本部が集中している③税務、法務、広告、コンサルティングなど法人業務をバックアップするサービス産業が集積している④三大メガバンク、三大証券会社が本社を置くなど金融の機能が充実している⑤人口ボリュームが大きく首都圏に国内人口の三分の一が集中している⑦空港、新幹線、鉄道、地下鉄、高速道路といった交通インフラが発達している⑧大学の数が多いので人材確保がしやすい等の理由から本社機能を東京に置くことは企業にとって利にかなった行動といえます。

ただ、余談ながら、東京も海外からの企業、人材、資本の誘致については苦戦しています。例えば、東京証券取引所に上場する外国企業は一九九一年の一二七社をピークに上場廃止が相次ぎ、今では一〇分の一程度にまで減ってしまいました。多国籍企業がアジアの統括拠点を中国・上海やシンガポールに移す動きも加速しています。東京の繁栄は、関西をはじめとする国内の地方からの企業、人材、資本の吸い上げによって成り立っているようなもので、人口減少時代の中で、東京の活力を維持することと引き換えに地方の衰退に拍車がかかり、結果として日本の国全体の活力が衰え続けるという負の連鎖をもたらしているといえます。

関西衰退の原因は東京への一極集中だけにあるのではありません。関西の経済、産業を活性化させる最大のポイントは、東京を意識して張り合うのではなく、視点をグローバル、特にアジアに向けることにあるのだといえます。海外から企業、人材、資本を引き寄せる取り組みをいかに進めるか。衰退の歯止めに向けて「論より行動」が求められていることはいうまでもありません。

3　空港めぐる足並みの乱れ

グローバル経済への対応に欠かせない交通インフラである空港を巡って関西の自治体の足並みがそろわないことも経済活性化を図る上での懸念材料です。

国際空港評議会（ＡＣＩ）の調査によると、二〇一一年、世界で最も発着回数が多かった空港はアメリカのアトランタ。その発着回数は九二万三九九一回にのぼります。続いてシカゴの八七万五七九八回、ダラスの六四万六八〇三回など六位までをアメリカの空港が独占しています。

そのほかの空港に目を向けると北京（中国）が五三万三二五三回、パリ（フランス）が五一万四〇五九回、フランクフルト（ドイツ）が四八万七一六二回、アムステルダム（オランダ）が四三万七〇七四回、マドリード（スペイン）が四二万九三八一回など先進主要国の空港は軒並み四〇万回を超えています。日本では羽田空港が三七万八九一四回でようやく二五位にランクインする程度。これが世界の趨勢です。

翻って関西に目を向けますと、二〇一一年の関西国際空港の発着数は一〇万回、伊丹が一二万回、神戸二万回で三空港併せても二四万回でしかありません。仮に関空が二期工事を完成させたとしても発着回数は二三万回が限界です。関西の空港のキャパシティーは三八万五〇〇〇回と羽田にやっと追いつける程度。世界で戦える水準には達していません。

当初、関空の開港に伴って伊丹は廃港となることが前提だったため、「伊丹廃港論」が声高に叫ばれています。「伊丹を廃港にし、その路線を関空に吸収させれば、関空の利便性が高まり、関空の拠点空港化が実現する」といったものです。しかし、この発想は関西の航空需要が今後、全く伸びない、すなわち関西の経済がこの先も地盤沈下したままであることを前提にしています。関空と神戸だけなら発着回数は最大でもわずか二五万回。伊丹廃港は関西の航空ネットワークを縮小するだけの結果に終わります。

伊丹空港を関空の航空需要を食いつぶす悪玉としてその活用に制約をかけ、両空港の効果的かつ機動的な一体運営に水をさすのは不毛でしかありません。航空需要が思うように伸びないのは、関西がその産業のポテンシャルを充分に発揮できず低迷しているからに他なりません。必要なのは地域エゴをぶつけあって、三空港を競合させることではなく、補完させあって、関西の経済そのものを活性化するインフラとして活用することです。産学官がスクラムを組んで、実現性かつ実効性の高い政策を立案し、実行していく必要があります。

レベルの低い議論が地元で繰り返されている限り、関西を世界から人材、情報、資金を呼び寄せる国際競争力を備えた都市圏として飛躍させていくことは不可能でしょう。

4　期待がかかる新産業

経緯と現状を踏まえ、ここからは関西経済のポテンシャルについて見ていきましょう。

まず注目すべきは、次世代の担い手として期待を集める医療、医薬、電池、エネルギーといった産業です。

これらの産業には追い風もあります。二〇一一年一二月には、大阪府、兵庫県、京都府、大阪市、神戸市、京都市の各区域にまたがる医療、医薬、電池、エネルギーに関する多種多様なプロジェクトが、政府が指定する国際戦略総合特区として認定を受けました。

国際戦略総合特区とは、従来の構造改革特区とは違って、複数の規制の特例措置に加え、税制、財政、金融上の優遇措置や国と地方双方の支援措置など徹底した規制緩和を享受できる特別エリアのことです。

特区の指定を受けたのは関西だけではありません。北海道では、道、札幌市などが東アジアにおける食の研究開発輸出拠点を形成する特区、中部では愛知県、岐阜県などがアジア最大の航空宇宙産業の集積を目指す特区、九州では福岡県などがアジアの活力を取り込み、環境産業の競争力強化に取り組む特区など七つの地域が、それぞれ特色のある計画を提案し、指定されています。

関西の国際戦略総合特区のキーワードになっているのは技術革新、イノベーションです。

特区は、以下の九つの区域で構成されています。

①ｉＰＳ細胞の医療応用の研究が行われている京都大学などが立地する京都市内

②ＩＴ、バイオ、環境分野の研究機関が集積するけいはんな学研都市
③大阪大学、国立循環器病研究センターなどバイオ、医療系の研究機関が集積する北大阪
④知的複合施設ナレッジキャピタルを擁するグランフロント大阪など開発が進む大阪駅周辺
⑤環境産業の集積を目指す大阪ベイエリアの夢洲・咲洲
⑥スーパーコンピュータ「京」が立地し、二〇〇社を超える医療関連企業が集積する神戸医療産業都市
⑦世界最大規模の大型放射光施設「ＳＰｒｉｎｇ－８」を擁する播磨科学公園都市
⑧関西国際空港
⑨阪神港

関西には、エレクトロニクス分野や製薬分野で多くの大企業が拠点を置き、ライフサイエンス、素材、環境・エネルギーの分野でトップレベルの研究を行なう京都大学、大阪大学、神戸大学などの研究機関が行き来しやすい距離に集積しているという利点があります。一つの特区として自治体、研究機関が垣根を超えて連携することで、イノベーションや新たな市場の創造など様々な分野で相乗効果を発揮しやすくなるなど様々なメリットが期待できます。

個別に見ても、放射光とシミュレーションシステムによる精密解析技術を組み合わせた革新的な創薬開発▽次世代省エネ材料の開発▽診断・治療機器や医療介護ロボットの開発▽心筋細胞の再現、iPS細胞医療の応用などの先端医療技術の開発▽パッケージ化した医療インフラの輸出▽スマートコミュニティのビジネスモデル創出▽ものづくり中小企業の医療機器分野、新エネルギー分野への参入促進▽輸出入手続きの簡素化、電子化といったポテンシャルの高い事業がそろっています。

特区効果で二〇二五年には、関西における医薬品・医療機器の輸出額を二五五〇億円から一兆円、電池の生産額を四八〇〇億円から五兆円にそれぞれ拡大することが見込まれています。

ポテンシャルをポテンシャルのまま終わらせず、特区を関西経済を浮揚させるエンジンとして機能させるためには①研究成果を事業化につなげていくスピードを飛躍的にアップさせるための制度改革②有効性や安全性の評価基準の確立③イノベーションを支える人材の育成を地域の垣根を越えてどのように進めていくかが最大のポイントといえます。

5　アジア経済首都としての可能性

特区による産業育成の枠組みができあがったとしても、それだけでは充分とはいえません。関西の経済の活性化に必要なのは、産業活動のプレーヤーである企業の数を増やす以外にあり得ません。関西経済の地盤沈下に歯止めがかからない原因は、大企業の本社機能の流出以上に、新たな企業が入ってこないことや新たな企業が誕生していないことにあります。

産業構造や消費者の嗜好が変化する中で、企業が買収されたり、廃業するなどして減少することは避けられません。新しい企業をいかに誘致し、いかに育てるか。具体的かつ実効的な施策を立案し、推進していく必要があります。

これからの時代、企業を誘致する上で、なによりも重視すべき対象は、グローバルに事業活動を展開する多国籍企業です。シンガポールが、東南アジア、インドへの玄関口、香港が中国への玄関口として多国籍企業の地域統括拠点の誘致を進めているように、関西は韓国、中国・沿岸部、台湾を軸にアメリカ西海岸も視野に入れる東アジア・太平洋の地域統括拠点を置く適地としてプロモーションを進める必要があります。

多国籍企業の地域統括本部は、企画立案、総務、営業企画、ブランド管理、知的財産権管理、社員教育、人事管理、研究開発、投資調査、技術サポート、物資調達、財務―といった部署で構成されます。これらすべての部署を備える拠点が誘致できるのであればいう事はありませんが、各企業のニーズを汲み取りながら、研究開発、知的財産権管理などの部門にターゲットをしぼって誘致する方が実効性は高いでしょう。特に研究開発については、環境・エネルギー、医薬、医療機器などの分野で優秀な大学、研究機関が集積する関西のポテンシャルを最大限活用できるはずです。

ただ、東京でも苦戦している海外企業の誘致は一筋縄ではいきません。プロモーションを成功に導く体制を構築する上で、グローバルビジネス拠点の適地として関西には何が備わり、何が欠けているのかを分析する必要があります。

分析する際の指標としては以下の要素が考えられます。

①物流、金融、通信、交通などのインフラストラクチャー
②医療機関、教育機関、治安など生活をしていく上での安心、安全
③軽い租税負担
④知的財産権の保護など整った法制度

⑤住民の一定以上の所得水準
⑥教育水準が高い人材
⑦英語でコミュニケーションがとりやすいこと

インフラストラクチャーを考えた場合、関西には空港を見ても基幹空港としての関西国際空港、伊丹空港に加え、神戸、但馬、八尾、南紀白浜と多彩な空港が揃っています。海上の物流は阪神港、鉄道では新幹線に、ＪＲ、近鉄、阪急、阪神、京阪、南海などの私鉄に加え、大阪市、京都市、神戸市には地下鉄も整えられています。阪神高速道路、名神自動車道、中国自動車道などの高速道路、一般道路も縦横に張り巡らされています。金融についてもメガバンクの支店から地銀、信用組合、信用金庫までさまざまな規模の金融機関が営業しており、欧米、アジアの主要銀行も支店を設けています。

医療機関についても、大学の付属病院から一般診療所、歯科診療所まで幅広くそろい、医療施設一カ所あたりの人口は六六六人と、首都圏の七二一人、中部の八一七人と比べて少なく、診察を受けやすい環境が整っています。教育水準の高い人材の輩出につながる大学・短大の数は二三五校と全国の二割が集積し、学生数は六二万四〇〇〇人とこちらも全国の二割に相当するボリュームを持っています。年間の一人あたり所得は二九六万円で全国平均にわずかに及ばないもののアジアではトップクラスです。

知的財産権保護などの法律が整っていることは言うまでもなく、租税負担も法人税などの実効税率はアジア各国と比べて高いものの総合戦略特区の制度などを活用して、今後、軽減を実施することも可能です。

このように一つ一つの条件をチェックしていくと、関西は多国籍企業の地域統括拠点を誘致する上で極めて優れた条件を持っていることがわかります。

唯一ネックとなるのが、海外から来た人が、ビジネスはもちろん日常の生活でもストレスなく英語でコミュニケーションを取ることができる環境。この点では英語圏でイギリス連邦に所属しているシンガポールや、一九九七年までイギリスの統治下にあった香港と比較して大きなハンデといえます。

逆に考えれば、英語だけでなく、ビジネス面で需要が拡大している中国語も含めた複数の言語に対応できるように関西のマルチリンガル化を地道に推進することが、海外からの進出企業を増やして関西の経済を活性化させる近道になるといえます。

多国籍企業の誘致は、企業で働く様々な国籍のオフィスワーカーの流入につながり、今後、減少が予想される関西の勤労者人口を下支えする効果も見込めます。関西での生活を通じて自然な形で日本語を習熟し、文化遺産の見学などから日本の文化、歴史に対する知識を深めてもらう仕組みづくりも関西だからこそできることであり、相互理解と日本ブランドの浸透は、アジアの活力を内需として取り込む上で大きな効果を発揮してくれることでしょう。

多国籍企業、もしくは多国籍化を目指す国内企業の誘致だけでなく、次代を担う新しい企業の育成も喫緊の課題といえます。全国的に廃業率が開業率を上回る中、関西の開業率から廃業率を引いた開廃業率（二〇〇一年～二〇〇六年）はマイナス一・四七と全国平均を下回っています。ＩＴ、バイオ、環境、新エネルギーを中心に新規起業を目指す人材を引き寄せるインセンティブを産官学が連携して打ち出すことが必要です。

開業時の支援策の充実、ベンチャー投資に対する優遇策、事業が順調に伸びなかった場合のセーフティネットの構築、大学の研究者と起業家を結びつける仕組みづくりといった個別の施策を充実させ、「創業するなら関西」と多くの起業希望者が実感できる環境を整えるべきです。

一連の施策を軌道に乗せ、グローバル規模での人材、情報、資本の集積を実現できれば、かつて関西に本社を置いていた企業に関西への再移転を働きかけやすくなるといった相乗効果も見込むことができます。

日本が人口減少に苦しむ一方で、中国、インドをはじめとするアジアでは爆発的な人口増加が起きています。活力あふれるアジアをはじめとする世界の需要をいかに取り込むか、企業がグローバルな経済活動を展開することにおいて、いかに拠点の適地たりえるか。視線を海外に向けた「アジア経済首都」を目指す戦略を構築し、官民が着実に実効性の高い施策を実施することで、必ず活路は開けるはずです。

第4章

寄稿

関西活性化に向けた空港活用策

野 村 宗 訓（関西学院大学経済学部教授）

関西活性化に向けた空港活用策

野村　宗訓

野村宗訓氏

1　アジアの航空需要とＬＣＣの台頭

世界の航空需要は、航空自由化の恩恵を受けて増大してきましたが、近年は燃料費高騰や金融危機による打撃など、マイナス要因による損失も被っています。アジア・太平洋地域の旅客需要については、人口増加と経済成長に支え

表１　世界の航空旅客輸送の推移（有償旅客キロ，単位10億）

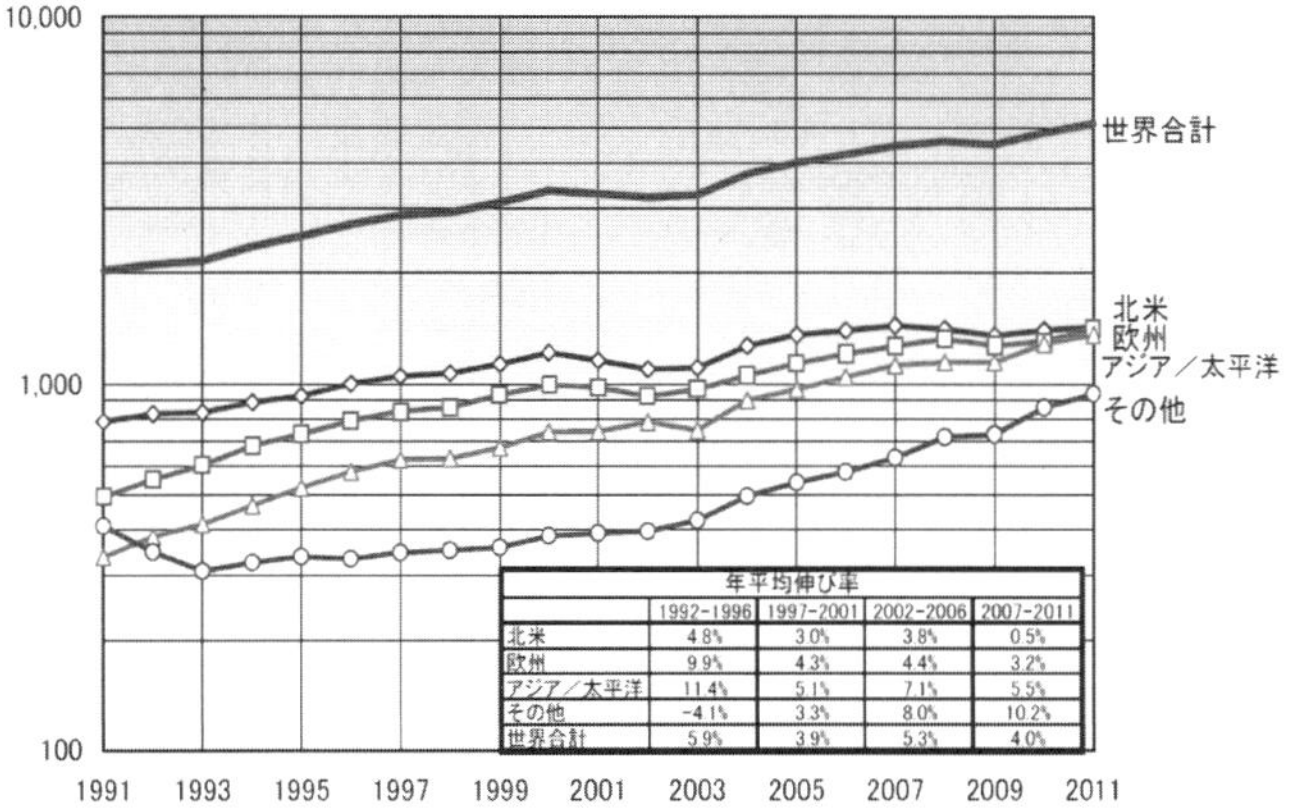

年平均伸び率				
	1992-1996	1997-2001	2002-2006	2007-2011
北米	4.8%	3.0%	3.8%	0.5%
欧州	9.9%	4.3%	4.4%	3.2%
アジア／太平洋	11.4%	5.1%	7.1%	5.5%
その他	-4.1%	3.3%	8.0%	10.2%
世界合計	5.9%	3.9%	5.3%	4.0%

（出典）　日本航空機開発協会（2012）

られて、欧米地域と比較すると順調に拡大してきました。表１は有償旅客キロの観点から、これまでの世界の航空旅客輸送の推移を示しています。

アジア諸国では、中国の内陸部のように陸路よりも空路の方が利便性の高いエリアがあります。更に、フィリピンやインドネシアのように、島嶼部が多い地域も多く、航空による移動が船舶と同様に重視されています。また、チャンギや上海などのように、金融シティとして世界的に重要な都市もあり、ビジネス客の需要も少なくありません。

航空機メーカー大手のボーイング社の推計によると、二〇一〇年から二九年にかけて、アジア太平洋地域では、旅客と貨物ともに六・

図1　アジア太平洋地域のLCC

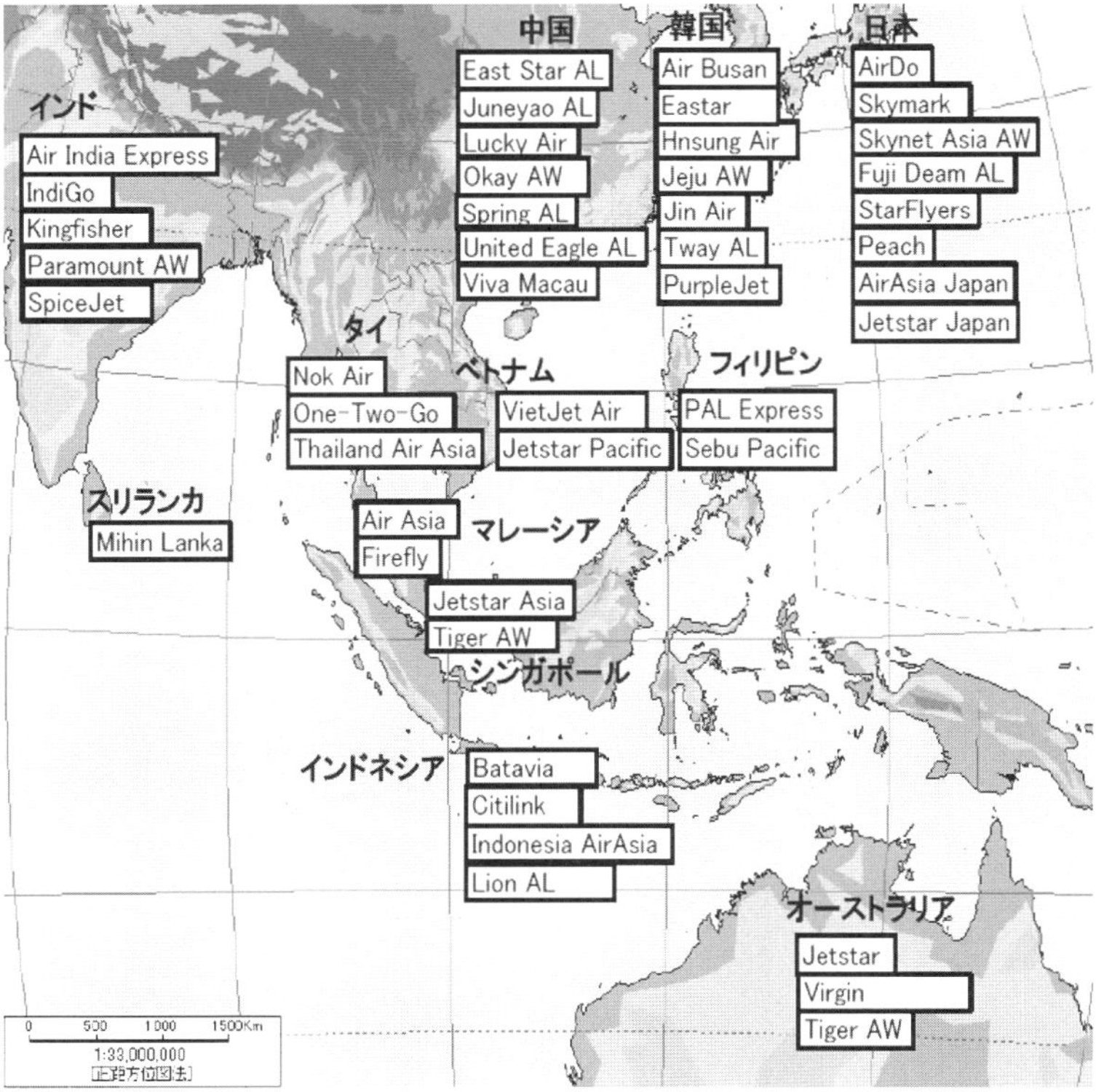
中国
East Star AL
Juneyao AL
Lucky Air
Okay AW
Spring AL
United Eagle AL
Viva Macau
韓国
Air Busan
Eastar
Hnsung Air
Jeju AW
Jin Air
Tway AL
PurpleJet
日本
AirDo
Skymark
Skynet Asia AW
Fuji Deam AL
StarFlyers
Peach
AirAsia Japan
Jetstar Japan
インド
Air India Express
IndiGo
Kingfisher
Paramount AW
SpiceJet
タイ
Nok Air
One-Two-Go
Thailand Air Asia
ベトナム
VietJet Air
Jetstar Pacific
フィリピン
PAL Express
Sebu Pacific
スリランカ
Mihin Lanka
マレーシア
Air Asia
Firefly
Jetstar Asia
Tiger AW
シンガポール
インドネシア
Batavia
Citilink
Indonesia AirAsia
Lion AL
オーストラリア
Jetstar
Virgin
Tiger AW
0 500 1000 1500Km
1:33,000,000
[正距方位図法]

（出典）　日本航空機開発協会（2012）

八パーセントの増加が見込まれています。欧州と米国における新たな機材の導入が、それぞれ約七二〇〇機と予測されているのに対して、アジア太平洋では、一万機を超え、その七〇パーセントはシングル・アイルと呼ばれる中小型機になると考えられています。

需要増加に対応するために、アジアでは既に多くのＬＣＣが運航を開始しています。各国における代表的なＬＣＣは、図１の通りです。これらは航空機保有数や路線数から、必ずしも欧州のイージージェットやライアンエアーのような大手ＬＣＣと同一視できませんが、低料金のチケットで利用者を惹きつけている点で、従来からのフルサービス・キャリアに対する競争者として注目されるようになってきました。関空に乗り入れているＬＣＣは、オーストラリアのジェットスター、シンガポールを拠点とするジェトスター・アジア、韓国のチェジュ、エアプサン、イースター、フィリピンのセブ・パシフィック、マレーシアのエアアジアＸなどです。

わが国では二〇一一年三月に、ピーチ・アビエーションがＡＮＡの子会社として設立されました。香港のファーストイースタンという投資ファンドが同社に三三パーセントも出資している点から、これまでのキャリアとは異なる性格を持つと判断できます。新千歳、福岡、長崎、鹿児島などの国内線のみならず、五月にソウル便、七月から香港便、更に九月から台北便をも開始し、拡張路線を歩んでいます。ＡＮＡは更に、エアアジアＸ・ジャパンにも出資し、複数のＬＣＣを運営する立場にあります。また、ＪＡＬによるジェットスター・ジャパンの就航も実現しました。

ＬＣＣの急増に伴い、アジアの空港はそれぞれ戦略的な展開をとり、需要増大に対応できるように整備しています。空港間競争が激化していますが、需要も拡大しているので、個々の空港が危機的な状況に立っているというわけではありません。航空利用者は自家用車や家電製品のような耐久消費財の消費とは異なり、単に一回の購買行動で終わるのではなく、消費を繰り返す点に特徴があります。ＬＣＣは料金を抑制して、新たな需要層を開拓するとともに、リピーターを作り出す点も意識しています。

2　アクセス改善と新規需要の開拓

関空は世界的にも例の少ない人工島の拠点空港であり、一本の橋脚でしかつながっていない孤島です。アクセス方法には、ＪＲ西日本と南海という鉄道と、バス・タクシーやマイカーなどの自動車になりますが、すべて同じ橋脚を通過しなければなりません。つまり、空港の手前で、ボトルネックが存在するわけです。

台風や事故が発生した時には、代替的なルートがまったくないという弱点を持っています。唯一、異なる方法として、神戸側との高速船がありますが、同様に天候による影響を受けやすいのも事実です。このように関空には、出発時に空港にアクセスできないという不都合のみならず、到着時にも身動きのとれない状況に陥るリスクが伴います。

今後、なにわ筋線やリニア鉄道が開通すれば、需要の増加が可能であると見込まれていますが、車両編成と運行頻度には限界があります。更に、現行の橋脚を使用するのであれば、容量制約があるので、需要が大きく伸びることは期待できません。また、新規に橋脚を建設すると、用地選定から工事着工、更には運転開始までのリードタイムが長く、関空の活性化を図る上で、不確実性があまりにも大きく、即効薬になるとは言えません。

新規建設はそもそも、費用負担の観点から実現可能性が低いと考えられます。むしろ、以下の二点が需要増大を短期的に実現する方策として有効です。

第一に、関空が孤島であるという実態からは、地方都市と結ぶ国内線を充実させて、需要を取り込む必要があります。アクセス改善は鉄道ではなく、空路であることは明らかです。第二に、アジアからのＬＣＣ利用者を視野に入れて、京都・奈良を中心とする観光地と結ぶ直行バスを充実させる必要があります。関空が二四時間体制をとれるメリットを活かして、都心部の交通渋滞を避けた

表2　関空発国内線ダイヤ（2012年6月）

稚　内	1	羽　田	10
女満別	1	福　岡	4
旭　川	1	長　崎	2
札　幌	15	鹿児島	2
函　館	2	那　覇	10
成　田	1	石　垣	2

（出典）　関空HP（http://flight.kansai-airport.or.jp/flight/all_search/index.aspx）

時間帯にバス移動を増やすことが望まれます。この二つの方策に共通するのは、鉄道新線の建設とは異なり、固定設備費用がほとんどかからない点です。

二〇一二年六月における関空発着の国内線ダイヤは、表2から明らかなように、北海道、首都圏、九州・沖縄方面だけしかありません。これは海外から到着した場合に、国内地方都市へ移動することが極めて困難であることを意味しています。周知の通り、首都圏には成田と羽田という二つの国際空港がありますので、関空から乗り継ぎで移動するメリットは高くありません。他国の事例からわかるように、国際ハブ空港は必ずと言っていいほど、国内で地方ハブの機能を有しているのが常識となっています。換言すれば、国内線を充実させて地方ハブとして機能していれば、自ずと国際ハブの機能を持つことができるわけです。

複数のLCCによる国際線の利用者増加は、関空二期島に建設されているLCCターミナルビルのオープンにかかっています。

表3　関空から京都・奈良方面のバス路線

奈良方面	近鉄学園前・学研都市	関空→第二阪奈生駒→藤の木台四丁目→近鉄学園前駅→東登美ヶ丘六丁目東→学研けいはんなプラザ
	奈良	関空→天理（櫟本）→奈良ホテル→近鉄奈良駅→JR奈良駅
	大和八木	関空→高田市駅→大和八木駅→桜井駅北口
京都方面	京都・高速京田辺	関空→高速京田辺→京都駅八条口→四条大宮→二条駅→三条京阪→出町柳駅前

（出典）　関空HP（http://www.kansai-airport.or.jp/access/bus/index.html）

これは従来からのターミナルビルとは別棟になっているために、非航空収入を増大させる点では、決して有利ではありません。もちろん、ターミナルビル間のバス移動により、LCCの乗客がレストランやショッピングを楽しむことも不可能ではないのですが、入国後、すぐに大阪市内へ向かうか、観光地へ直接、移動する方が利便性が高いと思われます。

京都・奈良方面への路線バスの実態は表3の通りですが、これは関西圏在住者が利用しやすいものでしかないように見えます。LCCターミナルビルが本格稼働すれば、深夜・早朝のフライトが増えるので、ターミナルビルに大規模なバス待合室などを併設すると同時に、貸切バスが多数、駐車できるスペースも不可欠です。大阪市内で生じる通勤時間帯の交通渋滞を避ける形で、関空と京都・奈良の神社仏閣、学校・研究機関、ホテル・国際会議場などを直行で結ぶ格安路線バスがあれば、新たな観光需要の開拓が容易になるはずです。

現在、京都・奈良を訪問する観光客や留学生には、成田経由で新幹線や伊丹空港からバスを利用するケースもあるだけではなく、一部には中部国際空港からアクセスしているケースも見られる点からも、現行のバス路線が十分であるとは言えません。

3　国際会議開催等による空港活用

複数のLCCが関空と結ぶアジア路線を拡充すれば、ビジネスと観光の両面で旅客数の増加が期待できます。更に、関西の自治体や研究機関が中心となり、国際会議を開催することによって、近隣諸国との交流が深まり、空港活性化が実現できるはずです。独立行政法人・国際観光振興機構、通称、日本政府観光局（JNTO）は、「国際会議」を以下のように定義しています。

二〇〇六年統計までの旧基準

・参加者総数が二〇名以上で、かつ参加国が日本を含む二カ国以上の国際会議

・または、参加者総数が二〇名以上で、かつ外国人参加者数が一〇名以上の国内会議

・上記二つの条件のいずれかを満たしているセミナー、シンポジウム等
二〇〇七年統計からの新基準
＊以下の①〜④をすべて満たす国際会議を、「国際会議」とします。
①主催者　国際機関・国際団体（各国支部を含む）又は
　国家機関・国内団体（各々の定義が明確ではないため民間企業以外は全て）
②参加者総数　五〇名以上
③参加国　日本を含む三カ国以上
④開催期間　一日以上

国際比較の場合には、国際団体連合（ＵＩＡ）の定義に従って、以下の通りとされる。
(1)　国際機関・国際団体の本部が主催または後援した会議
①参加者数　五〇人以上
②参加国数　三カ国以上
③開催期間　一日以上
または

(2) 国内団体もしくは国際団体支部等が主催した会議で
①参加者数　三〇〇人以上（うち四〇パーセント以上が主催国以外の参加者）
②参加国数　五カ国以上
③開催期間　三日以上

世界の中で日本の国際会議開催数は、アメリカに次いで第二位にランキングされています。アジア・オセアニア域内では、表4に示される通り、トップの座にあります。それを都市別で見ると、表5のようになります。二〇一〇年の関西圏での開催件数を見ると、京都六一、神戸四五、大阪三二となっています。大阪は関空に最も近い都市ですが、常に京都を下回っているのが実態です。近年、シンガポールでは、年間約六〇〇～七〇〇回もの国際会議が開かれていますが、チャンギ空港の活用と密接に関係していると考えられます。

「中・大型」の国際会議に限定した開催件数に関しては、表6の通りです。驚くことに、関空が立地する泉佐野市において開催された国際会議は二〇〇六年の一回だけしかありません。大阪市でも、二〇一〇年はわずか八件しか開催されていません。伊丹市については、データそのものが示されていないので、開催実績がなかったものと理解できます。

表４　国別国際会議の開催件数（アジア・オセアニア域内）

開催国＼年	2001	2002	2003	2004	2005	2006	2007	2008	2009	2010
日本	233	235	280	285	259	238	448	575	538	741
シンガポール	199	142	142	172	226	318	466	637	689	725
韓国	134	127	140	196	223	267	268	293	347	464
オーストラリア	295	248	288	318	269	291	272	273	227	356
中国（香港・マカオ含む）	168	187	167	347	352	324	255	278	225	298
インド	86	96	141	158	158	141	111	131	138	164
マレーシア	61	85	83	111	123	87	79	83	71	100
タイ	87	119	127	147	135	105	89	64	131	82
台湾	36	36	47	57	50	56	39	38	37	67
インドネシア	32	52	51	48	98	49	40	31	59	48
ベトナム	26	20	30	30	42	31	18	26	37	44
フィリピン	38	40	59	35	54	50	56	39	40	41
ニュージーランド	56	51	61	57	58	41	41	44	31	38

（出典）　日本政府観光局公表資料（http://mice.jnto.go.jp/data/stats/pdf/cv_tokei_2010_2shou.pdf）に基づき筆者作成。

表 5　都市別国際会議の開催件数（アジア・オセアニア域内）

開催都市＼年	2001	2002	2003	2004	2005	2006	2007	2008	2009	2010
シンガポール	119	142	142	171	225	318	466	637	689	725
ソウル	103	84	85	126	117	146	121	125	151	201
東京	56	52	63	70	86	77	126	150	134	190
シドニー	99	89	86	93	80	70	90	97	81	137
釜山	8	10	11	6	30	42	42	60	41	93
メルボルン	69	31	64	48	59	73	42	67	39	92
横浜	13	13	10	24	9	21	54	68	54	82
北京	39	60	52	127	116	115	88	75	80	79
済州島	4	8	9	18	27	42	50	44	61	67
上海	21	28	23	51	69	51	36	48	34	63
バンコク	70	83	77	103	91	75	62	42	81	61
京都	21	25	23	31	32	26	62	34	39	61
クアラルンプール	42	62	49	81	80	67	60	55	49	61
ニューデリー	33	40	54	45	58	49	39	49	57	57
台北	27	30	38	27	37	34	32	31	23	57
香港	83	52	44	78	54	65	51	55	43	54
神戸	13	11	5	4	8	10	12	31	40	45
ブリスベン	30	16	30	34	24	34	17	26	33	35
大阪	20	23	18	8	7	14	30	30	20	32
札幌	—	10	18	—	6	5	7	24	28	31
ムンバイ	9	12	10	14	19	11	12	12	20	29
名古屋	13	8	12	10	8	5	9	11	18	29
仙台	6	3	7	6	—	—	5	24	23	28
パース	9	15	13	14	20	13	17	21	6	25
マニラ	30	26	42	17	33	33	28	24	21	24
ハノイ	21	14	21	18	34	18	13	19	23	24
つくば	8	8	16	10	5	—	7	25	31	24
仁川	—	—	—	—	3	—	—	2	26	22
千葉	8	5	—	7	4	—	7	27	15	22
福岡	8	6	4	11	9	11	29	31	30	20

（出典）　日本政府観光局公表資料（http://mice.jnto.go.jp/data/stats/pdf/cv_tokei_2010_2shou.pdf）

表6　国内都市別「中・大型」国際会議の開催件数

年		2001	2002	2003	2004	2005	2006	2007	2008	2009	2010
京都府		21	35	18	32	29	38	39	30	34	33
	京都市	21	34	18	32	27	38	39	29	34	33
	舞鶴市	0	0	0	0	1	0	0	0	0	0
	精華町	0	1	0	0	1	0	0	1	0	0
奈良県		5	3	7	5	1	3	7	3	1	4
	奈良市	5	3	7	5	1	3	6	3	1	4
	生駒市	0	0	0	0	0	0	1	0	0	0
和歌山県		0	0	0	0	0	0	0	1	0	1
	田辺市	0	0	0	0	0	0	0	1	0	0
	和歌山市	0	0	0	0	0	0	0	0	0	1
大阪府		30	38	35	29	21	28	22	23	25	14
	大阪市	28	32	29	23	17	20	17	20	21	8
	千里地区	2	3	5	5	2	7	4	0	3	3
	堺市	0	2	1	0	1	0	0	1	1	2
	泉佐野市	0	0	0	0	0	1	0	0	0	0
	東大阪市	0	1	0	1	1	0	0	1	0	1
	岸和田市	0	0	0	0	0	0	0	1	0	0
	大東市	0	0	0	0	0	0	1	0	0	0
兵庫県		16	17	18	15	20	16	23	22	20	24
	神戸市	15	15	17	14	17	15	21	19	20	23
	淡路市	1	2	1	1	3	1	2	2	0	1
	姫路市	0	0	0	0	0	0	0	1	0	0

（出典）日本政府観光局公表資料（http://mice.jnto.go.jp/data/stats/pdf/cv_tokei_2010_shiryohen2.pdf）から抜粋。

関西圏で国際会議が開催された会場を具体的にあげてみると、表7のようになります。これらのほぼすべてが、伊丹と神戸空港からのアクセスの方が便利であることがわかります。実際に、ここに示された外国人参加者がどのようなルートで会場に向かったかは明らかではありませんが、成田や福岡から国内線か新幹線を利用した可能性があります。あるいは、中部国際空港からバスというアクセスも考えられます。

関西には、イベントを開催する「ハコもの」や国際会議のテーマとなる題材が多数、存在するにもかかわらず、空港会社とそれらの運営組織の間で緊密な連携がとられていないために、空港利用者数は伸び悩んでいると考えられます。ここでは国際会議の開催という視点からデータを提示しましたが、世界的に活躍するミュージシャンやアーティストによるステージやパフォーマンス開催でも、同様に空港利用者が増大する可能性もあります。

また、関西に立地する大学や専門学校に、多数の留学生が滞在しているのも事実です。京都に関しては、表8に示される通り、大学別の留学生数が公表されています。出身国についての分類では、中国、韓国、その他アジアが全体の八五パーセントを占めています。実際には、ここには明示されていませんが、大学受験前に来日している学生も多くいます。近年は、ASEAN諸国から外国人労働者を受け入れている自治体も増えています。その家族と友人がアジア域内で頻繁に移動し

表7　会場別国際会議の開催件数、参加者数（2010年）

会場名	開催件数	外国人参加者数	国内参加者数	参加者総数
京都大学	42	2,262	3,735	5,997
神戸国際会議場	31	4,533	51,934	56,467
神戸ポートピアホテル	31	7,724	54,566	62,290
大阪大学	29	811	8,889	9,700
淡路夢舞台国際会議場	26	923	3,160	4,083
大阪国際会議場	23	4,860	45,156	50,016
奈良県新公会堂	19	1,362	2,886	4,598
関西大学	18	251	3,409	3,660
神戸大学	14	241	1,810	2,051
神戸国際展示場	14	6,129	47,223	53,352
千里ライフサイエンスセンター	11	410	2,963	3,373
京都テルサ	10	429	1,995	2,424

（出典）　日本政府観光局公表資料（http://mice.jnto.go.jp/data/stats/pdf/cv_tokei_2010_1shou.pdf）に基づき筆者作成。

表8　京都府における留学生数の状況

（1）大学別内訳

大学名	2009年度	構成比(%)	2010年度	構成比(%)
京都大学	1,407	27.3	1,530	27.3
立命館大学	1,230	23.9	1,239	22.1
同志社大学	579	11.2	787	14.1
龍谷大学	479	9.3	493	8.8
京都外国語大学	161	3.1	173	3.1
京都産業大学	203	3.9	168	3.0
京都工芸繊維大学	135	2.6	165	2.9
京都造形芸術大学	127	2.5	160	2.9
京都精華大学	177	3.4	150	2.7
その他	659	12.8	735	13.1
合計	5,157	100.0	5,600	100.0

（2）出身国別内訳

国・地域	2009年度	構成比（%）	2010年度	構成比（%）
中国	2,478	48.1	2,686	48.0
韓国	983	19.1	1,096	19.6
その他アジア	942	18.3	1,027	18.3
欧州	295	5.7	322	5.8
北米	252	4.9	261	4.7
アフリカ	59	1.1	63	1.1
NIS諸国	46	0.9	57	1.0
南米	57	1.1	53	0.9
オセアニア	45	0.9	35	0.6
合計	5,157	100.0	5,600	100.0

（出典）　京都府公表資料（http://www.pref.kyoto.jp/kokusai/resources/1314340262588.pdf）

ますが、その利用者層がまさにＬＣＣが狙っているＶＦＲ（Visiting Friends and Relatives）需要です。

以上のような実態から、今後、国際会議開催や留学生増加に円滑に対応するために、関空の有効利用と合わせて、伊丹と神戸においても国際線が必要であると判断できます。

4　関空・伊丹統合後の関西六空港

関空・伊丹の経営統合は、「関西国際空港及び大阪国際空港の一体的かつ効率的な設置及び管理に関する法律」に基づき進められました。法律第一条において明記されている目的は、次の通りです（ただし、傍点は筆者が追加）。

第一条　この法律は、関西国際空港及び大阪国際空港（以下「両空港」という。）の一体的かつ効率的な設置及び管理に関する基本方針の策定、新関西国際空港株式会社の事業の適正な運営を確保するために必要な措置、民間資金等の活用による公共施設等の整備等の促進に関する法律（平成十一年法律第百十七号。以下「民間資金法」という。）の規定により両空港に係る特定事業（民間資金法第二条第二項に規定する特定事業をいう。以下同じ。）が実施される場合における関係法律の特例その他の両空港の一体的かつ効率的な設置及び管理に必要な措置を定めることにより、関西国際空港の整備に要した費用に係る債務の早期の確実な返済を図りつつ、関西国際空港の我が国の国際航空輸送網の拠点となる空港（以下「国際拠点空港」という。）としての機能の再生及び強化並びに両空港の適切かつ有効な活用を通じた関西における航空輸送需要の拡大を図り、もって航空の総合的な発達に資するとともに、我が国の産業、観光等の国際競争力の強化及び関西における経済の活性化に寄与することを目的とする。

国の責務に関しては、第四条に含まれますが、これまでの空港運営と明らかに異なる点は、「運営権」の設定が考慮された点です。

第四条　国は、この法律の目的を達成するため、新関西国際空港株式会社、関係地方公共団体その他の関係者との連携及び協力を確保しつつ、関西国際空港の我が国の国際拠点空港としての機能の再生及び強化並びに両空港の適切かつ有効な活用を通じた関西における航空輸送需要の拡大を図るために必要な措置を確実かつ円滑に実施しなければならない。

２　国は、両空港の一体的かつ効率的な設置及び管理に資するため、両空港に係る公共施設等運営権（民間資金法第二条第七項に規定する公共施設等運営権をいう。以下同じ。）の設定が適時に、かつ、適切な条件で行われるとともに、当該公共施設等運営権が設定された場合における第二十九条第一項に規定する特定空港運営事業が適切かつ円滑に実施されるよう必要な環境の整備に努めなければならない。

本法律が制定された背景には、約一兆三千億円に及ぶ関空の累積債務の返済が意図されていたことは周知の通りです。その他にも、以下のようないくつかの要因がありました。第一に、欧州を中心に空港民営化、複数一括など多様な空港運営手法が見られる点です。第二に、わが国のフラッグ・キャリアとして重要な役割を果たしてきたＪＡＬが二〇一〇年一月に、経営破綻に陥ったため、空港経営に悪影響が波及するとの危機感が蔓延した点です。第三に、成長戦略でも明記されたように、民間企業の知恵と資金を活用することによって、日本経済全体の活性化を実現する政策が策定された点です。

関空と伊丹の運営権は、二〇一四年に民間企業に売却される計画になっています。この手法は広義の民営化とみなされますが、株式売却と区別して、コンセッションと呼ばれます。新関空会社の株式を所有する政府がオーナーとなりますが、日常業務については民間企業に一任し、効率的な経営が追求されます。関空と伊丹はそれぞれ一四〇〇万人の乗降客数を持つ、大規模空港ですので、運営権を獲得する価値はありますが、不確実性も伴います。

二〇一三年までに伊丹のターミナルビル会社が、新関空会社の完全子会社になることが決定しましたので、非航空収入の増加は期待できます。しかし、コンセッションの条件として、累積債務の負担を何年かけて返済するのか、伊丹に課されている長距離便やジェット枠の規制をいつ撤廃するのか、利用時間の延長や国際線の再開をいつ容認するのか、伊丹廃港という方針を採用するのかが重要な点になります。現実には、これらの点をめぐって新会社とコンセッション受託者が交渉することになりますが、合意に至るのは容易ではないと思われます。

更に、以前から三空港を一体的に運営する方針があったため、神戸空港も同一会社に含める案が提案される可能性もあります。これは路線数の増大という点で、コンセッションを受ける側にとって有利な条件となり得ます。しかし、伊丹と同様に、神戸に課されている様々な規制がどの程度、緩和されるかに依存しますので、必ずしもプラス要因ばかりと断言できない面もあります。

関西広域連合が既に発足している点からは、神戸のみならず、表9に示される但馬、八尾、南紀

表９　関西における小規模空港の概要

	設置管理者	滑走路（m）	利用時間	乗降客数（2009年）
但馬空港	兵庫県	1,200×30	8:30〜18:30	28,123
八尾空港	国土交通大臣	（A）1,490×45 （B）1,200×30	8:00〜19:30	0
南紀白浜空港	和歌山県	2,000×45	8:30〜20:00	152,164

（出典）　国土交通省航空局監修（2011）

白浜も含めて、六空港が活用されるべきとの見解も成り立ちます。神戸は港湾から発展した経緯があり、近年は先端医療都市を標榜し、国際経済拠点地区としても名乗りを上げています。また、但馬や南紀白浜は温泉地に近接しているので、インバウンドの需要を取り込むことができます。また、八尾は都市部に近いだけではなく、二本の滑走路を持っている点で有効活用できる可能性が大きいと言えます。

これまでの議論では、航空需要は一定であるため、パイの奪い合いを避けることが大前提とされてきました。しかし、アジア全体の航空需要は増加傾向をたどっていますので、それぞれの空港が国際線も含めて、魅力のある路線を設定すれば、地域経済の活性化が実現できます。関空・伊丹の統合だけで関西経済が好転するわけではありません。六空港を一括運営するのも非現実的です。求められる方策は、個々の空港が主体性を持って、後背地の特性を踏まえた上で、航空需要を増加させる路線をエアラインと協議することです。

参考文献

Boeing, *Current Market Outlook 2010–2029*, 2010.

国土交通省『国土交通省成長戦略会議の重点項目について』二〇一〇年。

国土交通省航空局監修『数字でみる航空』航空振興財団、二〇一一年。

国土交通省告示「関西国際空港及び大阪国際空港の一体的かつ効率的な設置及び管理に関する基本方針」『官報』(号外第一三六号)、二〇一一年。

日本航空機開発協会『民間航空機関連データ集』二〇一二年。(http://www.jadc.or.jp/jadcdata.htm)

日本政府観光局・コンベンション誘致部『二〇一〇年 国際会議統計』二〇一一年。(http://mice.jnto.go.jp/data/stats/index.html)

髙橋望「関西三空港の未来――『関西の航空需要拡大に向けたセミナー』を振り返って」『関西大学商学論集』第五七巻第一号、二〇一二年。

野村宗訓編『新しい空港経営の可能性――ＬＣＣの求める空港とは』関西学院大学出版会、二〇一二年。

あとがき

二〇一二年、関西は重大な岐路を迎えています。関西電力大飯原子力発電所の一部は再稼働を果たしましたが、国の将来のエネルギー政策は不透明なままで、産業を支えてきた安定的な電力インフラを失ったともいえる在阪企業は窮地に追い込まれています。さらに「パネルベイ」と呼ばれ成長が期待された大阪湾岸地域も、中核であるパナソニックとシャープが合わせると一兆円を超える赤字に落ち込み、急ブレーキがかかったような状況です。こうした重苦しいムードを一掃するには、七月に経営統合された関西国際空港と大阪（伊丹）空港が、関西に大きなインパクトを与える必要があるのは間違いありません。

では、どうすれば関西経済を活性化していけるのか、産官学の知恵を結集して解決策を考えていきたい。そんな思いから、関西学院大学産業研究所と産経新聞社は共同でシンポジウムを開催し、そこでの議論や提案を本書にまとめました。

もともと関西には、余りある魅力とポテンシャルがあることは、本書を読んでもらえれば理解していただけると思います。国宝の約六割、重要文化財の半数が集まる歴史・文化的な財産だけでなく、東大阪を中心にものづくり企業を多数抱える分厚い産業構造、世界レベルの大学や研究機関が集積した科学技術基盤……。関西全体のGDPは八〇兆円を超え、韓国に匹敵することに思い至れば、下を向く必要はまったくないことが分かります。

一方で、少子高齢化が進み、人口減少時代に突入した日本にだけしがみついていても展望が開けてこないのも事実です。しかし、目を少し外に向ければ、未開拓の広大な沃野がすぐそばに広がっています。ともに一〇億人を超える中国やインドはもちろん、合わせれば六億人に達する東南アジアも経済成長が目覚ましく、市場として規模と魅力が急速に増しているのは誰もが認めるところでしょう。このアジアの活力こそ、関西が再び飛躍するために欠かせないエンジンであり、だからこそシンポジウムでも「アジアとつながる関西経済」をテーマに設定したのです。

遣隋使や遣唐使が難波津から中国に向かったように、大阪は古代からアジア、いや世界との玄関口でした。そして海の向こうからの技術や文化を取り込みながら、大阪いや関西は発展してきました。その歴史を振り返るとき、やはり人を呼び込むためのインフラが何よりも重要であることは明白ですし、関西のポテンシャルに見合う空港に関空が生まれ変わることが不可欠です。もちろん、本書でも指摘しているように多くの難しい課題を抱えていることは間違いなく、楽観ばかりしてはいられない状況は直視しなければなりません。ただ、中村稔・近畿経産局総務企画部長が指摘されているような「大粒の感動」を海外の人たちに与えられるような仕組み、そしてアジア経済首都を目指す戦略を構築できれば、関西がもう一度輝きを取り戻すことになるでしょう。

東日本大震災という未曾有の厄災に見舞われた日本の復興に、関西のパワーは欠かせません。今回のシンポが、元気な関西を世界に発信していく一助になればと願っています。

産経新聞大阪本社編集局経済部部長　佐藤　泰博

【執筆者紹介】（執筆順）

梶浦 昭友（かじうら・あきとも）
関西学院大学産業研究所長

中村　稔（なかむら・みのる）
近畿経済産業局総務企画部長

森　宏之（もり・ひろゆき）
近畿運輸局企画観光部長

川勝 厚志（かわかつ・あつし）
株式会社カネカ常務執行役員高砂工業所長

髙林 喜久生（たかばやし・きくお）
関西学院大学経済学部教授

引頭 雄一（いんどう・ゆういち）
関西外国語大学外国学部教授

若狭　弘（わかさ・ひろむ）
産経新聞大阪本社総合企画室

野村 宗訓（のむら・むねのり）
関西学院大学経済学部教授

佐藤 泰博（さとう・やすひろ）
産経新聞大阪本社編集局経済部部長

写真提供協力　　産経新聞大阪本社

産研レクチャー・シリーズ

アジアとつながる関西経済
“大粒”の感動を世界に発信

2012 年 9 月 25 日初版第一刷発行

編　者　関西学院大学産業研究所・産経新聞大阪本社

発　行　関西学院大学産業研究所

発　売　関西学院大学出版会
〒 662-0891
兵庫県西宮市上ケ原一番町 1-155
電　話　0798-53-7002

印　刷　協和印刷株式会社

Printed in Japan by Kwansei Gakuin University Press
ISBN 978-4-86283-121-7

http://www.kwansei.ac.jp/press